読むと心がラクになるめんどくさい女子の説明書

歡迎來到麻煩女子劇場

★★★★★★★★★★★★★★★★★★

看懂女子內心戲、破解相處障礙的心理觀測技巧

★★★★★★★★★★★★★★★★★★

前言

◎獻給覺得有「女子疲乏」的妳們

女性之間的人際關係真的很困難。

如果妳現在剛好在煩惱跟女性相處的問題，或是正好在跟女性朋友吵架，這些都不是妳的錯。只是目前為止都還沒有機會了解要怎麼跟女性相處才對而已。

初次見面，我叫山名裕子。

我身為臨床心理師，工作以心理諮商為主。我發現有很多人都為與女性之間的溝通所苦，也就是所謂的**「女子疲乏」——覺得跟女性相處很累的人**。有不少女性老是拿自己跟別的女性比較，因而時常陷入沮喪、感到嫉妒，讓心情無法平靜下來。這也是因為「女子疲乏」才會有的煩惱。

◎女性是情感纖細複雜的生物

的確，女性的內心纖細又複雜。心裡所想的跟表面上的言行舉止時常不一致。正因如此，才會有很多人覺得跟女性溝通是一件棘手又麻煩的事。

我是在小學的時候開始覺得女性的內心真是纖細又複雜。

原本一起玩得很開心的朋友，在她媽媽來接她時，卻突然抱著媽媽抱怨：「裕子真是太任性了，我不想再跟她玩了啦！」看到這一幕我整個嚇傻。現在回想我那時的確是很任性。不過當下覺得「剛才不是還一起玩得很開心嗎……」，記得那時年幼的我內心很難過，受到了很大的打擊。

這是我開始覺得「女生的內心還真是複雜」時的親身經歷。

大學時，眼看身邊的女性朋友一下沮喪、一下焦躁不安，卻不知道該怎麼安慰她們，這股懊悔的心情就成了我決定走上臨床心理師這條路的契機。

◎了解女性的「深層心理」就沒什麼好怕的了

學習心理學，以臨床心理師的身分面對前來心理諮商的來談者時，我發現女性乍看之下複雜又麻煩的言行舉止中，其實都是有理由存在的。

我發現到只要**正視在女性的言行舉止中所潛藏的「深層心理」，就能避免大部分與她們發生的衝突**。

這本書，是為了那些為女性之間特有的溝通所苦、正感到「女子疲乏」的妳們所寫的書。希望可以傳達一些以心理學為基礎的有效應對方式給大家。

無須擔心這些方式會很難上手。因為女性看似複雜的感情，其實**深層心理相當單純，只有運用幾個基本法則而已**。

了解女性的深層心理後，以前無法理解的話語，或是曾經感到麻煩的行為，可能都會突然覺得惹人憐愛。

◎只要稍微調整相處的方式或說話的口氣就行了

女性是基於「渴望被認同」的心理在行動的。這點之後我會詳加說明。

所以只要滿足這個需求，就能避免大部分的衝突。

具體來說，就是「稍微放低自己的身段」，並且「稍微抬高對方的地位」。

只要把這兩點放在心上，和女性之間的溝通相處就會出乎意料地順利。

從小學生到高齡者，這個方法不論對哪個世代的女性都很適用。因為，

從搖籃到墳墓「女子一輩子都會是女子」，這本「麻煩女子說明書」勢必能夠成為一生受用的聖經。

本書的內容可以從自己有興趣的章節開始看。

第1章會介紹麻煩女子的基本設定，以及基本相處方式的鐵則。我會用身邊的小例子，或是以心理學術上的說明來解釋男女的不同，還有**為什麼女性的內心會如此複雜**。

在第2章，我會**分類各位讀者身邊的麻煩女子**，並且說明各種類型的女性擁有什麼樣的深層心理，以及該如何應對才能順利相處。如果現在正好為跟某個特定類型的女性相處而煩惱，建議可以從那個類型開始閱讀。

第3章我會**針對具體的衝突類型，以Q&A的方示來介紹應對方式**。也會一一回答前來諮詢的來談者常會提出的疑問。

而第4章，我會為正在煩惱自己內心「麻煩女子」要素的人，解答**處理自身情緒的方法**。了解自己的深層心理後，若是能夠好好控制自身情緒，與他人相處時也會感到輕鬆不少。

臨床心理師跟精神科醫師不同，因為無法執行醫療行為，所以不會開藥物的處方箋給來談者。不過我們會站在來談者的角度，提供一些能夠改變行動的選項來幫助她們解決煩惱。

有「女子疲乏」煩惱的來談者，都有感受到只要稍稍改變對女性說話的口氣以及相處方式，就能夠讓彼此的溝通變得更加圓滿順利。

希望各位讀者也能在參考這本書所介紹的應對方式後，度過無須為和女性相處而煩惱的人生。

女性的內心既複雜又纖細，也正因如此容易產生很多煩惱或是感到不安。我很喜歡這樣的女性，因為她們是惹人憐愛並且珍貴的存在。

希望這本書能多少幫到那些對我來說非常珍貴的女性。

山名裕子

第2章 Handling instructions Chapter Two

與不同類型「麻煩女子」相處的注意事項

第4章 Handling instructions Chapter Four

自己內心的「麻煩女子」說明書

日文版 Staff
裝幀：髙橋朱里（マルサンカク）
內頁設計：冨澤崇
插圖：つぼゆり
編輯・執筆協力：佐藤友美
DTP：天龍社
校對：株式会社ぷれす
編輯：蓮見美帆（サンマーク出版）

第1章

Handling instructions

Chapter One

最好銘記在心：「麻煩女子」的基本設定

最好銘記在心：「麻煩女子」的基本設定

為何女性的人際關係跟男性不同，會如此複雜呢？

我認為有很大的原因在於「女子腦」。「女子腦」是由在歷史上女性所擔當的角色，以及社會環境所自然演變出來的思考迴路。「女子腦」會產生出女性獨有的思考方式。臨床數據顯示，**大約有八成的女性都以女子腦來思考，並且基於這種思考方式來行動**。

不過也有男性是以女子腦來思考。相反地，也會有不是以女子腦來思考的女性。

因此，這本書所指的「麻煩女子」並不是生物性別上的女性，而是指以女子腦來思考的人。作為區別，在提到生物性別時，我會用「女人」或「女性」稱之。

這些思考方式跟年齡無關，從嬰兒到老婆婆，女子一輩子都是女子。

乍看之下覺得莫名其妙的言行舉止，其實都隱含著用女子腦思考的心理。

相信只要了解麻煩女子的基本設定，就能夠輕鬆自在地與她們相處。

設定①　一天到晚拿別人跟自己比較

「麻煩女子」一切的言行舉止都因他人而起。換句話說，所有的行為都是因為在意「別人的眼光」。

女性要比男性更加害怕被拿來跟別人比較。日劇《FIRST CLASS》中，「MOUNTING」一詞曾經紅極一時。「MOUNTING」指的是向他人炫耀自己優勢的行為。麻煩女子之所以會有這種行為，是因為不管她是哪種類型的人，都希望自己可以為他人所需要，是一種希望在比較自己和他人時，能夠站在優勢地位的生物。

是否受異性的歡迎、外表的美醜、年輕與否、金錢和人脈等等，麻煩女

子擁有無時無刻都必須和他人比較的特質。結婚以後就比較老公的條件、生小孩以後就比較誰的孩子優秀。也就是進行所謂的代理戰爭。

無論如何都一定要找到自己的優勢才感到安心。並且在潛意識中，希望自己在整體而言比對方來得更占上風。

在這之中，是否受異性歡迎對她們來說又特別敏感。這跟長久的歷史當中，女人總是站在「被男人所選擇」的立場有關。她們討厭新來的或是年輕的女性也是來自於「比較」的心理。因為她們深切地體悟到男性對「新的」以及「年輕的」更感興趣，所以才會特別感到不安。如果這世上只有女性一種性別的話，或許就不會養成這麼強烈的比較心了。

之後要說明的不安、好惡、憤怒等情感，都跟「比較」性質有所關聯。

設定② 總是感到不安

麻煩女子是容易感到不安的生物。也就是說，她們很容易在腦海中浮現各種煩惱，擁有容易情緒不穩定的特質。

這個特質也跟歷史背景有關。**女性因為從以前就背負生兒育女的重擔，所以擅長觀察他人的表情變化，並且很容易因為他人的表情變化而產生情緒波動。**

就算現在愛情與事業都進展得很順利，也會擔心有一天會突然變調。這也是因為她們擁有容易感到不安的特質。

因為這份特有的敏感，所以比起享受當下，她們更容易被過去和未來所束縛。

生氣的時候。

感到不耐煩的時候。

悲從中來的時候。

具有攻擊性的時候。

這些情況通常都是她們感到「不安」。所以，跟麻煩女子發生衝突時，**解決讓她們不安的因素才是最有效的辦法**。只要內心得到安定，大部分的情況都能減輕她們的憤怒與悲傷。

在和麻煩女子說話時，只要意識到對方的不安，就不會再那麼容易被她們的情緒要得團團轉了。

設定③　討厭討厭自己的人，喜歡喜歡自己的人

溝通的基本就是喜歡上對方。

人的心理傾向於回應他人的好意，這在心理學上稱作是**「互惠原理」**。只要感覺到對方喜歡自己的話，自己也會喜歡上對方。要是覺得對方不喜歡自己，則也會開始不喜歡對方。

女性因為擅長觀察他人的內心，對他人內心的變化相當敏感，因此這個傾向要比男性來得更加強烈。

所以說，特別是對於警戒心很強的人，只要先釋出善意，她們就會變得比較好相處。

此外，在溝通面上有所謂的**「情緒感染效果」**。心理學認為感情會傳染給身邊的人。如果自己表現出開心的樣子，對方也會感到開心；而要是自己表現出不開心的樣子，對方也會感到不悅。

因此，抱著不情願的態度去跟對方相處，是百害而無一利。特別是當對方是麻煩女子時，透過自己先釋出好意，大多數的情況對方也會以正面的態度回應。

「麻煩女子會喜歡上喜歡自己的人」。跟她們相處時，只要記住這個基本設定，人際關係也會變得更加順利。

不擅長跟麻煩女子相處的人，首先試著找出她們的魅力或優點，試著以正面的態度來和對方相處吧。

設定④ 就是要妳聽我說

說到男女的不同，大多會認為男性在跟別人商量煩惱時，通常都是在尋求建議，而女性在商量煩惱時，只是為了尋求共鳴，並非希望對方提供解決辦法。

麻煩女子是尋求「共鳴」的生物，「我都已經這麼努力了」、「我受了這麼多苦」等等，自己的心情若能得到對方的認同，就能感到心滿意足。

這點男女的相異之處，在我演講中的發問時間會相當明顯。

男性會問：「在剛剛的例子中，具體來說一天應該要聯絡對方幾次才行呢？」等等尋求比較有建設性的解決辦法。而女性會說：「剛才的內容我也有同感。」等等，試圖傳達感想或是親近感。男女想問或是想傳達的想法是截然不同的。

所以說，在聽麻煩女子說話時，就讓她盡情地說吧！這就是所謂的**「宣洩效果」**，將心裡想說的話毫無保留地說出來，心裡就會暢快很多，她們的心靈也會因此得到安定。

另外，麻煩女子在商量煩惱或是自卑問題時，**有從無關緊要的事情開始說起、拐彎抹角遲遲不講重點的傾向**。這跟第22頁所說明的一樣，原因在於她們會一邊注意對方的反應一邊說話。因此，在面對心理諮商的來談者時，有必要請對方多來幾次，慢慢地引導出她們心裡真正想說的話。當然，也是有第一次諮商就能痛快地講出煩惱，或是另有其原因、抱有自卑感等案例。但是大多數的女性來談者，都不會在第一次的諮商就講出內心真正的煩惱。

設定⑤ 無論如何都想贏過身邊的人

男性通常都想被社會認可、成為第一等等，希望獲得不特定的多數人認同。相較之下，麻煩女子想的是「希望被自己認識的人們所認可」。因此，要是被身邊的人瞧不起，就會受到很深的傷害並且感到不安。

扣掉自律神經失調、賀爾蒙失調、疲勞等身體上的原因，**與麻煩女子之間發生糾紛的時候，基本上只有兩個代表性的理由。一個是希望被愛卻得不到；另一個則是自己無法站在優勢的時候。**

兩者都是基於強烈「希望被自己認識的人們所認可」的心情而來。與女性之間的問題，大部分都是因為這兩個理由之一沒有得到滿足，才會讓事情變得很棘手又複雜。

因此當問題發生時，請試著注意以下的情感：

〇〇比我更受寵愛。

〇〇的評價比我還高。

這些時候，就是麻煩女子開啟憤怒開關的時候。這種情況，只要「想被認同」的情感獲得滿足，問題大多都能夠解決。

此外，在發生問題之前，只要平常就多加留意向對方表示認同，跟她們之間的溝通就能夠更加順利。

設定⑥ 為生存而排擠其他人

剛才提到麻煩女子「希望被自己認識的人們所認可」的情緒十分強烈，而她們的嫉妒心，就是來自於將自己跟身邊的人比較而來的。

並非因為有什麼理由而感到嫉妒，因為麻煩女子的基本設定，就是愛拿自己跟別人比較，所以**只要自己的地位有可能受到動搖，無論如何都會產生嫉妒的心理**。

麻煩女子在感受到自己比不上競爭對手，或是開始嫉妒對方的時候，就會想要排擠對方來顯示出自己的優勢。她們認為，就算自己的地位不變，只要優先順序比較高就行了。所以女子之間互扯後腿是很常見的事情。

男性在工作上或是碰到有關晉升的問題時可能也會有這種傾向，但基本上男性會思考該怎樣贏過對方，想辦法努力提升自己，是具有邏輯性的思考類型，他們在「嫉妒」時比較重視解決辦法，因此會採取跟女性截然不同的行動。

麻煩女子為了保護自己的地位，讓周圍的人都能認同自己，就會想辦法排擠掉對手。

這項特質就算上了年紀也不會改變。年輕時比較戀愛和功課，上了年紀以後就比較經濟面或是自己有多幸福。**嫉妒心並不會因為上了年紀就變得相對減弱，每個年齡層的心理都是一樣的。**

因為「女子一輩子都會是女子」。

設定⑦ 喜歡別人分析自己

常常聽說「很多女生都喜歡占卜」。這是因為，女性總是抱有強烈的不安，害怕獨自面對自己，所以偏好從專家那裡得到明確的建議。另一個理由是透過占卜能夠感受到「這個人懂我」，這會讓她們覺得安心。因為女性是一種希望得到他人認同的生物，所以會對心中覺得「這個人懂我！」的人抱持著良好的印象。

這個心理作用在心理學上稱做**「巴納姆效應」**。「巴納姆效應」指的是就算聽到一些對誰都能套用、曖昧含糊的敘述，卻還是覺得「這根本就是在說我！」「也太準了吧！」等的心理作用。

舉例來說，向A型的人敘述O型的占卜結果，再向O型的人敘述A型的占卜結果，雙方卻都覺得「算得很準」，這是心理學上很有名的實驗結果。

這也是「巴納姆效應」的一種。明明能夠套用在大部分的人身上，卻還是覺得「那就是在說自己」，或者是在一堆占卜的敘述中，只要有一小部分跟自己重疊，就覺得「算得很準」。

麻煩女子在這種時候，會有認為「你真懂我！」「得到認同了！」「終於有人懂我了！」的傾向，而她們就是如此**渴求被人了解的安心感**。

和麻煩女子的相處方式　鐵則篇

接下來我要介紹對任何麻煩女子都適用的相處鐵則給大家。

女性的確是心理比男性還要複雜許多的生物，儘管如此，她們也未必就是麻煩的「敵人」。若能建立起良好的關係，她們反而會成為妳強力的夥伴。

此外，看似很難相處，但只要掌握一些原理原則，就會發現她們其實並沒有想像中那樣複雜。其所有的行動都隱藏著「女子」的深層心理，只要了解那層心理，就能比較容易理解她們的心情。像是「說別人壞話」、「負面發言」等等的言行舉止，在了解到那些行為的背後其實都隱含著她們內心纖細的情感後，就比較不會覺得疲憊或是不耐煩，心裡也會從容許多。

相處的原則就是理解言行舉止背後的真實想法，並且以「放低自己的身段，抬高對方的地位」的方式來跟對方相處。

「跟女子相處時，會搞不清楚對方想要的到底是什麼。」特別是有這種困擾的人，不妨試著參考看看以下的相處方式。

「心理學」是人際關係的基礎。恰到好處的距離感並不是順其自然就會產生的，而是要靠「言語」、「行動」才能夠建立起來。

反過來說，只要能夠稍微改變自己的言行，對方也會試著維持與妳相處的適當距離，彼此就能維持自在的關係。

鐵則①　不要試圖改變對方

人類被稱為「恆定性的生物」，是一種相當害怕變化的生物。雖說有不少人把「想改變自己」掛在嘴上，但實際上，人的特性就是如果有能不改變就能解決的方法，大家都不會想要改變自己。麻煩女子總是抱著強烈的不安，對於改變和改變以後的事情都很不安，所以不想改變的傾向更是強烈。這點套用在人際關係上也是同樣的道理。

因此，人們總是希望可以改變對方而非自己。雖說很多人都這麼想，但要改變他人並非易事。相反的，**透過改變自己來讓對方改變態度，會來得容易許多**。

說要改變自己，也不是要請各位連個性都全盤改掉。只要稍微改變自己的「行動、言語」，也就是改變自己的表達方式就行了。

這個方法跟「環境（也就是對方）」、「行動、言語」、「心態」、「身體」、「認知」這五個要素有著緊密的關聯，只要其中一項要素改變，就會對其他四種要素造成影響，是以「認知行動療法」的思考方式為基礎的方法。這也是實際在心理諮商時會應用到的心理療法。

這個方法的原則就是不要試圖改變對方。要是試圖改變對方會很容易引起對方的反感。只要稍稍改變自己說話以及與對方相處的方式，相信各位很快就能感受到對方的態度也會隨著改變，進而降低引發衝突的機會。

鐵則② 調整自己的麻煩女子指數

大家都說「女人的敵人就是女人」，這句話可謂真理。

先前提到，麻煩女子擁有容易因為和身邊的人比較而感到不安、難過、生氣、想排擠別人的特質。尤其是麻煩女子指數高的人在這方面更為明顯。所以跟麻煩女子指數高的人相處時，如果自己也以高指數對應，就很容易引起比較的戰爭，讓關係變得彆扭。

跟麻煩女子指數高的人相處時，最需要的就是把自己的指數降低，讓對方感受到「我並不是妳的敵人」才行。

降低自己的麻煩女子指數，具體來說就是讓對方處在優勢，避免讓自己成為對方的競爭對手。

譬如說可以談談自己的失敗經驗，或是聊自己不擅長的領域，讓對方感受到自己處在優勢的地位。

不要說自己被誰告白，說說自己被甩的事情吧；與其聊職位晉升，不如說自己被上司譴責。向對方商量自己的煩惱也是一種頗為有效的方法。

只要讓對方覺得「我跟妳處在不同的階級」就成功了。如此一來，就不會被對方視為敵人，人際關係也會變得圓滿順利。

舉例來說，就像比起扮演女明星讓周圍的人嫉妒，還不如扮演人見人愛的女諧星，人生才會走得順遂。

電視節目裡，裝瘋賣傻的角色跟胖胖的人之所以會受大家歡迎，是因為觀眾在無意識中覺得自己比他們更具優勢，才能心胸寬大地支持他們。

或許也有人想說：「我才不想故意讓對方！」但是，比起爭得你死我活，結果被扯後腿或是惡言相向，「讓對方站在優勢獲得滿足」才是輕鬆又省事的方法。

只要記住稍微放輕鬆，讓對方出出風頭，跟麻煩女子相處就會瞬間變得更加游刃有餘。

有句話說「輸掉比賽，贏得勝負」，只要讓對方取得優勢，彼此能夠自在相處，以結果來說對自己是有益的。

鐵則③ 表現出「妳是特別的」

麻煩女子最喜歡得到其他人的認同。只要獲得「妳是特別的」這種特殊感就會覺得安心。

這在心理學上稱作**「稀有原理（Hard-to-get technique）」**，指的是表現出對方是特別的，進而讓自己印象加分的技巧。其實這在日常生活中很常見，像是寫著「會員專屬服務」的廣告郵件就是運用這個原理。

對麻煩女子使用這種技巧時，舉例來說，在說「謝謝妳的稱讚」的時候，要說成**「沒想到居然能得到像〇〇這樣的人的稱讚，我真是太高興了」**。

要表達「謝謝妳的建議」的時候，應該要說**「這種時候還是只能找〇〇**

商量了，謝謝妳！」像這樣改變說法，讓對方覺得自己是特別的。

當對方感受到自己是獨特的，就能有效滿足其獲得尊重的需求。當人受到特別對待時也會想回報對方，所以態度肯定也會變得更親切溫柔。

◉善用聽起來不像客套話的讚美方式

讚美對方也是表現出特別感的方法之一。話雖如此，如果讚美的方式太像客套話就沒有意義，以下將告訴各位在讚美他人時需要注意的幾點事項。

①分別使用直接讚美與間接讚美

比方說讚美別人的東西「好漂亮喔！」的時候是直接讚美，若是說「妳在哪裡買的啊？我也想買一樣的可以嗎？」的時候就是間接讚美。使用間接讚美，向對方表現共鳴並且詢問容易回答的問題就能傳達好感。

②不要當下以讚美回應，另尋機會讚美對方

得到讚美時，對方通常也會反過來讚美妳「哪有啦，妳才……」結果一不小心就變成只是單純在互拍馬屁。這種情況會讓對方覺得很不自在、感到壓力而造成反效果。所以當自己被讚美時，當下就老實接受並且表達謝意，改天有機會再讚美回去就行了。

③使用類似性的法則

比方說看到朋友用的 LINE 貼圖後，跟她說「我覺得太可愛了，所以忍不住跟妳買了一樣的」，這樣也會有不錯的效果。這個現象叫做「相似法則」，就是所謂的「物以類聚」。感觸、興趣以及喜好類似的人，彼此的內心也會比較容易貼近，所以對方很快就會對妳產生良好的印象。

④使用「Hot reading」

「Hot reading」指的是以事前收集到的情報為基礎來進行對話的技巧。在聊「自己現在沉迷的事物」時，舉出對方的喜好或興趣，就可以讓對方覺得跟妳「意氣相投」。

第2章

Handling instructions

Chapter Two

與不同類型「麻煩女子」相處的注意事項

Type
1

不知為何最後會補一句
「不過他人是滿好的啦……」

「愛講壞話」女子

【危險度】
✹✹✹✹✹
【麻煩度】
✹✹✹✹✹

《特徵》

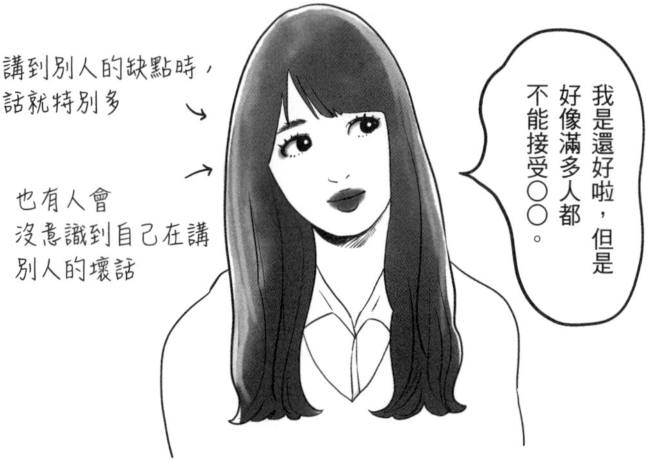
講到別人的缺點時，
話就特別多
也有人會
沒意識到自己在講
別人的壞話
我是還好啦，但是
好像滿多人都
不能接受〇〇。

《深層心理》

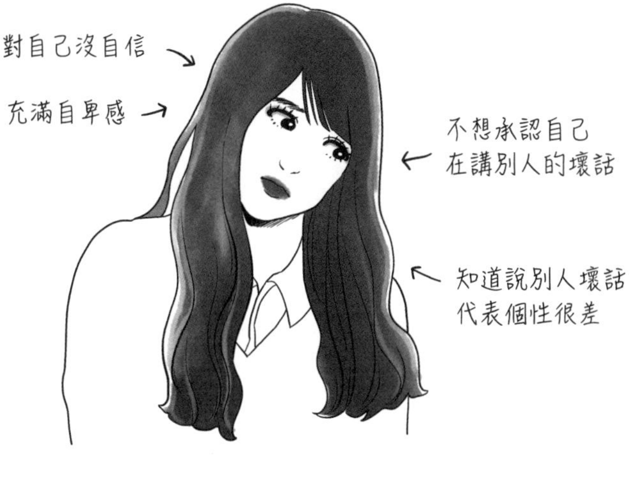
對自己沒自信
充滿自卑感
不想承認自己
在講別人的壞話
知道說別人壞話
代表個性很差

跟愛講壞話女子相處
這種時候好麻煩

跟很會講別人壞話的人做朋友時，很容易被其他人覺得我也跟她一樣愛講別人的壞話。我不想被別人覺得個性很差，也想跟其他人好好相處，跟那個人當朋友實在很倒楣。但是，我怕脫離她以後就會開始換我被講壞話，結果還是只能跟那個女生一起行動。

在講完一堆壞話以後一定會問我「妳不覺得嗎？」來徵求我的同意，這讓我覺得很累。有一次我用點頭來敷衍她，她就跟別人說：「○○在背後說妳壞話耶。」講得好像都是我在說的一樣，害我到處被人家誤會。但是如果我直接否定她的話，又被人認為我在裝好人……實在不知道到底該怎麼回答才對。

我們公司很少會有人事調動，所以人際關係很難改變。特別是我所待的部門，就算沒有特別做錯什麼事，也要輪流被大家數落，只要有人一離開座位，大家就會開始講那個人的壞話。害我都不敢在上班時間離開辦公室。

愛講壞話女子的生態

在各種不同類型的麻煩女子當中，最危險的就屬這類「愛講壞話女子」。

要是跟她關係變好，自己也有可能被認為愛講別人壞話，但是要是刻意疏遠，又有可能會變成下一個被講壞話的對象，是一種相處起來十分棘手的類型。

被強迫聽一堆壞話，想必有滿多人都會因此逐漸感到疲憊。

◉講人壞話是保護自己的盾牌

這類女子的深層心理，並不是為了攻擊對方才講別人壞話的。她們真正的目的，是為了安撫沒自信的自己。

這層心理有著「透過壓低別人來提高自己」的纖細女人心。麻煩女子是一種一天到晚不自覺地與他人比較的生物。她們總是害怕自己的地位比別人低，而這種不安會透過講別人壞話表現出來。此外，一起講別人壞話也會提高彼此的凝聚力，並且有安定自身地位以及心情的效果。

所以說有自卑感、對自己沒信心或是自我肯定感很低的人，就會有容易成為愛講壞話女子的傾向。**對愛講壞話女子來說，講壞話就是保護自己的盾牌**。

在這類型的麻煩女子當中，也有人對於自己的行為毫無自覺。不過大多數的人都知道自己在講別人的壞話，然後故意把壞話講得聽起來不像是壞話。

愛講壞話女子常常利用像是**「我是沒有這樣想啦」或是「其實我本來不想說」等開場白，接著再用「△△之前講了〇〇的壞話」這種借刀殺人的說法來講別人的壞話**。這裡表現出的心理是「不想被大家覺得自己是會說壞話的人」。

說完以後一定要在最後加上一句「但我覺得〇〇其實人不錯啊」，也是因為同樣的心理因素。

是人都不希望自己是「會講別人壞話，個性很差的人」，所以會多補一句馬後炮或是借用別人的話，不自覺地做出保護自己的行為。

另外，有的愛講壞話女子會先表面讚美別人，然後在聊天的過程中處處插入對方的負面要素。

舉個例子，有人會說：「〇〇的工作能力是很強沒錯，但感覺像工作狂呢。」

這種情況，她真正想說的並不是○○「工作能力很強」，而是想說「『除了工作以外』她什麼都不會」（像是交不到男朋友），發言的背後總是隱藏著像這樣的真心話。

像這樣愈常「把壞話講得聽起來不像壞話」的麻煩女子，內心的自卑情結就愈深，相處起來必須要下點工夫才行。

如何跟愛講壞話女子相處

老實說，最好是不要再跟愛講壞話女子做朋友會比較好。有人或許會擔心與對方疏遠會反過來被講壞話，但其實大部分的愛講壞話女子講壞話都是不挑對象的，所以下定決心保持距離會是一個好辦法。對於愛講壞話女子，到最後大家都是敬而遠之，所以就算離開也不會有任何的問題。

但是大部分的人都是做不到這點才會苦惱吧。應該也有不少人是工作或是親戚關係這種不得不交際往來的情況。所以請大家務必記住以下的鐵則。

保護自己不受愛講壞話女子影響的方法，就是絕對不要去附和那些壞話。只是聽聽倒還無妨，但是表示同意就十分危險。只要一說出像是「對啊」、「嗯，我懂」的附和，下一次就會被講得好像是妳在講那個人的壞話一樣。

「**我很遲鈍所以根本沒發現。**」只要說出像這樣的回答，既不會讓愛講壞話女子感到不快，也可以讓對方知道妳並不贊同她的說法。

◉若無其事地讓對方發現自己在講別人的壞話

對於沒有意識到自己在講別人壞話的麻煩女子，用正面的話語取代負面的話語，會有不錯的效果。

比方說，要是有人跟妳說「○○的工作能力是很強沒錯，但感覺像工作狂呢」時，不要附和話裡所隱含的負面情感，可以回答像是「○○真的很厲害呢！」這種正面的句子。

要是有人對你說「〇〇好像還忘不了她的前男友呢，這樣她現任的男友也太可憐了吧～」，就可以**用讚美的方式回答「〇〇不管到哪都很受歡迎，好羨慕喔！」**

要是對方又因此說出了「但是只有工作能力很強也不行啊」或是「哪有啊，〇〇才沒有那麼受歡迎」這類否定性的回答，就算原本沒有自覺，也會在這時發現「啊，原來我是想講〇〇的壞話啊」。

即使沒自覺，愛講壞話女子也會認為「講別人壞話的人個性很差」，所以只要意識到自己變成了愛講壞話女子，就會漸漸地不再講別人的壞話了。

Type 2

感情起伏
彷彿雲霄飛車

「情緒不穩定」女子

【危險度】
✹✹✹✹✹
【麻煩度】
★★★★★

《特徵》

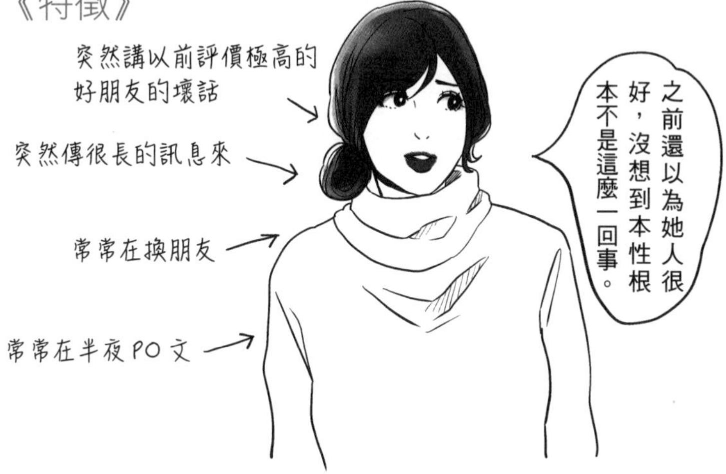
突然講以前評價極高的好朋友的壞話
突然傳很長的訊息來
常常在換朋友
常常在半夜PO文
之前還以為她人很好，沒想到本性根本不是這麼一回事。

《深層心理》

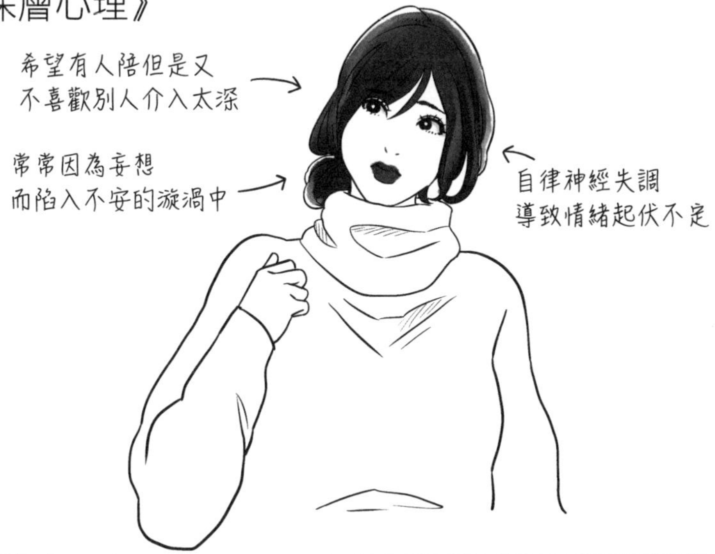
希望有人陪但是又不喜歡別人介入太深
常常因為妄想而陷入不安的漩渦中
自律神經失調導致情緒起伏不定

跟情緒不穩定女子相處
這種時候好麻煩

有個朋友常常在半夜傳「這些事我只能找妳商量了⋯⋯」之類的 LINE 來。不小心回覆她就會立刻回傳：「妳還沒睡啊，可以打給妳嗎？」然後就開始講工作上的事情，抱怨了兩個小時。她說因為主管不喜歡她，所以被冷落，但我覺得都只是她想太多。但如果我老實這樣跟她說，電話肯定又要講不完，所以我都保持沉默。每次都因為她害我睡眠不足。

有個同學常常找我商量戀愛的煩惱。因為她都一直抱怨男朋友的缺點，我就說：「妳既然都這麼說了，幹嘛不分手？」她就會回：「但他還是有很多優點啊，我不想分手！」所以妳到底要我怎樣啦。

今天碰到了之前朋友一直稱讚的 M，她說 M「個性好又聰明，感覺人超好的」。所以我對朋友說：「我今天碰到 M 了喔！真的就跟妳說的一樣，人超好的～」，結果她居然回我：「啊？哪有啊！她超表裡不一的啊！」整個翻臉跟翻書一樣嚇我一跳。她對人的評價一天到晚在變，所以跟她談論別人時，都要很小心。

情緒不穩定女子的生態

女性就算在上班時，也時常會分心想家裡或是戀愛的事情，情緒相當豐富。也可以反過來說成是心情較難安定，有容易感到不安的特質。

◉容易連累個性溫柔的人

這種特性特別明顯的就是「情緒不穩定女子」。她們的情感波動時常是個性問題或是壓力反應，並不是對妳有所不滿，所以重點就是不要被她們的情緒變化牽著鼻子走。

如果不小心碰到她們情緒爆發，就當作是在跟外星人做文化交流就行了。祕訣就是要表現出很認真在聽的樣子，但又不要太將她們的話當真。

會這麼建議，是因為情緒不穩定女子的煩惱，大部分都是來自於她們的不安所衍生出的妄想，常常會在下一次見面時，發現她們一臉若無其事、大勢底定的樣子。

特別是有些個性溫柔的人，可能會想幫助她們，設身處地傾聽她們的煩惱。但是**以心理學的角度來看，溫柔女子有容易被情緒不穩定女子牽累的傾向**。她們很容易被情緒不穩定女子的話所影響，像是跟著一起坐雲霄飛車一樣，感受上下起伏的情緒。用心聽情緒不穩定女子訴苦固然重要，但還是必須小心不要對她們的話太認真，以免被耍得團團轉。

此外，這種類型的女子一但失去理性，就很容易鑽牛角尖，一旦認定就很難再改變想法。就算向她們提出了自己覺得還不錯的建議，也可能會被反咬一口。除非有賭上自己的人生去跟她們相處的覺悟，不然還是保持點距離會比較安全。

這類女子還有一個特徵，就是當生理時鐘被打亂時，情緒也會開始產生波動。特別是在晚上睡覺之前，大腦功能開始低下，由於掌管情緒的邊緣系統無法正常控制，她們會開始感到情緒低落、容易有情緒化的表現。這就是為什麼她們常常會**在半夜突然找人聊天，或是在社群網站上貼很長的文章**。這種類型的女生很難和人維持長久穩定的關係，所以有常常更換朋友或是男友的特徵。

如何跟情緒不穩定女子相處

除非是專業的心理諮商，不然很難去認真面對情緒不穩定女子的每一句話。保持不要被過度影響，適當敷衍過去是很重要的，但是如果附和得太隨便，她們會說：「妳有沒有在認真聽我說話啊？」然後讓事情變得更加麻煩。

◉表現出很認真在聽的樣子，讓她們感到安心

這種情況，可以使用名叫**「回溯法」**的技巧來**表現自己有在「認真聽」**。

回溯法就是用對方說出的單字來附和的方法。

舉個例子，當對方說：「我今天去澀谷的醫院，發生了一件很討厭的

事……」，就回答：「澀谷的醫院？發生了什麼討厭的事啊？」當對方回答：「幫我看病的醫生大概40歲左右，我覺得他的態度很差。」時，回答：「他的態度很差嗎？」只要用這個方法，就算不用太認真聽，也能讓對方感受到「這個人有好好在聽我講話」，可以輕鬆應付。

另外，配合對方步調的**「同步法」**也是一個有效的方式。當對方表現得很興奮，就用很興奮的語調來附和；對方看起來情緒低落，就用沉著的語氣來對應。

像這樣盡可能配合對方的聲量和講話的速度，對方就會漸漸地感到安心。

情緒不穩定女子大部分都不會希望別人給她建議（就算給她建議，可能也都聽不進去），只要說些像是「辛苦妳了」、「妳已經盡力了」等體諒對方的溫柔話語就行了。

Type
3

開口閉口都很負面

「負面」女子

【危險度】

✹✹✹✹

【麻煩度】

✹✹✹✹✹

《特徵》

口頭禪是
「可是」、「但是」
沒有根據的
負面發言
反正我就是……
做什麼都失敗。

《深層心理》

心思細膩，
擁有玻璃般易碎的心
跟要好的朋友
如果不常常聯絡
就會感到不安
想好最壞的情況，
避免自己受到傷害

跟負面女子相處
這種時候好麻煩

同年一起進公司的同事最近被選上當企劃組長。當我跟她說：「恭喜妳！」時，她便一臉擔憂地說：「像我這樣的人能夠勝任嗎？」我回她：「這是獲得主管的認可，一定沒問題的。」她就說：「不過要是搞砸的話一定都會怪到我的頭上。」「大家一定也都在心裡覺得我辦不到。」等等的負面發言。雖然她人很好，但是跟她相處實在是滿累的。

每次只要我想嘗試做新的事情，我媽就一定會立刻反對。我說要出國玩，她就說：「最近歐洲很不安全，我會擔心。」向她介紹新男朋友，她就說：「他上班的公司有沒有前途？」實在很煩，讓我再也不想跟她報告任何事情。

我有一個從小一起長大的朋友，晚上只要她傳給男朋友的 LINE 未出現已讀，她就會情緒低落地跟我說：「剛開始交往的時後都會馬上回我的，但是最近都變得好冷淡。」就算跟她說「他應該只是還有工作要忙，或是剛好去洗澡了啊」她也完全聽不進去。一個小時後她又跟我說：「我男友說他剛剛在跟主管講電話。」我就會心想：「看吧！」但是下次又發生一樣的事情時，她還是一樣會小題大做。我覺得她每次都這樣實在很煩，也很同情她的男朋友。

負面女子的生態

「負面女子」就是不管跟她說什麼，都一定會給出負面的回應。大多數這種類型的人，**絕對不是個性很差或很負面，而是內心細膩又敏感**。

正因為如此，所以不想在發生什麼不好的事情時受傷，為此她們會預先設想風險或是最壞的情況。老是想像最壞的情況，導致她們養成了負面思考的習慣。

◉負面思考是一種習慣

人們的思考或是對事物的看法，多少會因為成長的環境或是經驗的不同而有特定的習慣。若是有極端偏頗的狀態，在心理學上就稱作是「認知扭曲」。凡事負面思考的負面女子就是處在一種認知扭曲的狀態下。

順帶一提，也有在工作或是興趣上表現得很正面，但一碰到戀愛問題時就變得很負面的人。這種「部分負面女子」，就算平常都能做出冷靜的判斷，也會突然說出像是「他已經五個小時沒回我訊息了。搞不好他在跟別的女生約會！」之類極端的發言。戀愛跟其他的領域相比，更容易做出情緒化的判斷，而且少有人會擁有大量的經驗值，所以無法以平常心思考，因而有負面思考的傾向。

◉不要被負面思考所影響

跟負面女子相處久了，自己也容易變得很焦躁或是心情變得很不好。我們把這個現象稱作是「情緒感染效果」，指被身邊的人的心理狀態所影響。

所以很容易將別人說的話當真，或是被他人影響的類型，最好跟負面女子保持距離。

不過，要一個負面的人突然變得正面是一件非常困難的事，只要思考不要過於極端，負面思考也未必都是不好的。正因為思考負面所以能夠避開風險，而能夠做負面的思考，有時候也會產生體貼的一面。出色的經營者或是一流的藝術家，大多都同時擁有正面和負面的特質。最重要的就是要控制好自己的負面思考。

但是若是開口閉口都是負面發言，很容易失去笑容，顏面也會迅速老化。改掉極端的負面思考是有百益而無一害的。

如何跟負面女子相處

跟負面女子相處，大致上可以分成兩個方法。

一個是**反過來利用情緒感染效果**。換句話說，就是透過你的正面發言，讓對方感染正面的情緒。

經常讓負面女子意識到她們從負面角度看的事情，其實也能用正面的角度看待，如此一來就能夠一點一滴地減少讓負面女子感到不安的要素。**剛開始可能會一直被對方否定，沒辦法戲劇化般地讓對方突然改變想法，但是這就像拳擊連續攻擊敵人的腹部一樣，效果是會一點一點累積的**。

而贊同負面女子的負面發言則是禁忌。這會助長對方不安的心情，請大家多注意。

◉消除毫無根據的不安，矯正壞習慣

另一個方法，是問她想法如此負面的理由。

負面女子把事情往壞處想時，大部分都是因為沒來由的不安。透過講道理來幫她消除不安，大多能讓她意識到自己的負面思考其實毫無根據。

負面女子有個特徵，就是她們**常常會說出「每次」這樣的話**。當她們說「每次都很不順利」、「我每次都失敗」的時候，可以試著跟她一起回想到底是不是真的「每次」都這樣。

讓她們發現其實過去也是有進展得滿順利的事，開始覺得並非「每次」，而是「這次」進展得不順利，如此便能一步步消除她們負面思考的習慣。

Type 4

一直檢查按讚人數

「怕寂寞」女子

【危險度】

✹

【麻煩度】

✹✹✹✹✹

《特徵》

喜歡上傳
讓大家誤會的貼文
自拍照很多
會偷偷把按讚數少的
貼文刪掉
妳說那張照片嗎？
不是男友啦只是
朋友而已～

《深層心理》

渴望愛情
沒自信
覺得沒人愛
不滿意自己的現狀
尊重需求很強，
情緒不穩定

跟怕寂寞女子相處
這種時候好麻煩

有一個公司的後輩，常常會上傳假裝背景不小心拍到名牌包的照片，還有不斷上傳在高級餐廳吃飯的貼文。她大概是想讓大家覺得她是網美，但我知道她平常在公司吃午餐時，都說這樣可以省錢就只吃一個御飯糰。我想說她幹嘛這樣勉強自己呢？覺得有點擔心，又有點傻眼。

我有認識會在深夜傳看起來極度沮喪的 LINE 給我的人。還以為她有什麼很嚴重的煩惱，回她「還好嗎？」以後，才知道根本不是什麼大不了的事。發現她只是想表現自己像是悲劇女主角後，我就告訴自己「回她就輸了」，所以深夜傳來的 LINE 我都不看，直接放到早上。

我有一個媽媽友，她會監視別人臉書的登入時間，實在很恐怖。前幾天她問我：「妳昨天到半夜都還醒著嗎？」讓我毛骨悚然。她好像很在意我明明有登入臉書，卻沒有按她的貼文讚。做到這種地步，反而會想問她精神狀態還好嗎？

怕寂寞女子的生態

這個類型跟情緒不穩定女子有點類似，「怕寂寞女子」對他人的尊重需求要比一般人還要強烈。

她們的特徵就是很常在社群網站上貼文，其中又以「炫耀」、「裝可憐」、「引人遐想」的貼文居多。

◉希望得到名為「被愛」的安全感

這種類型的女子在旁人眼裡，很容易被誤解成自戀的類型，但其實正好相反，大部分都是**因為對於自己是否「被愛」的安全感不夠，而對現狀感到**

不滿意的人。

會想透過貼文炫耀自己過得多充實，就是心理極度不充實的證明。因為希望得到別人的「稱讚」或是「鼓勵」，所以總是有源源不絕的素材來上傳「炫耀」或「裝可憐」的貼文。

明明上傳「今天看了電影覺得很開心」的貼文，還要故意加上兩張電影票的照片，因為她們想要別人問：「是不是去約會？」而上傳身體不舒服或是在醫院的貼文是希望大家擔心，引人問她們「還好嗎？」

她們還會非常在意自己的貼文得到多少的讚或是留言。

◉當「怕寂寞女子」的內心沒有餘裕時

社群網站普及後，可以很清楚地知道有誰對自己的貼文留言，這可以滿足怕寂寞女子的尊重需求，也可能遇到沒得到滿足的狀況，這很容易讓她們少了內心的餘裕。

當她們開始偷偷刪掉按讚數很少的貼文，或是一直編輯已經上傳的貼文，就代表她們已經失去內心的餘裕了。

如何跟怕寂寞女子相處

和面對情緒不穩定女子的時候一樣，個性溫柔的人也很容易被怕寂寞女子牽累。

若將怕寂寞女子每一次炫耀跟裝可憐都當真的話，不僅浪費時間，心也會感到疲倦，漸漸累積成壓力。

這種時候，有以下三種解決方式。

◉避免當下回覆

首先，就是完全無視。只要貫徹不回覆她的任何貼文，她就會發現「就算發了文，這個人也不會理我」，因而放棄找妳來排解她的寂寞。

第二種方法就是不管看到什麼貼文都按讚，表現出自己並沒有認真在看的感覺。

做出這種反應的話，會讓對方覺得「就算對這個人炫耀或裝可憐也沒有意義」，就不會一直纏著妳。

另外一種方法，就是**改天再關心她**。**比起在她貼文之後馬上留言，建議可以過幾天見到她時再問：「看到妳的貼文滿擔心的，還好嗎？」**因為對方在自以為是悲劇女主角的時候，情緒總是比較激動，很容易把別人捲入不好的情緒之中。過一段時間後會比較冷靜，所以建議大家貫徹「避免當下馬上留言，見面時再提起」的方法。

Type
5

口頭禪是「我是有話直說的個性」

「自稱大刺刺」女子

【危險度】
✹✹✹✹

【麻煩度】
✹✹✹✹

《特徵》

喜歡炫耀女生朋友很多
喜歡炫耀很多人
會找自己商量煩惱
我是無所謂啦，但想說妳會不會很介意……
因為我個性大剌剌的，常常被女生朋友說想找我當男朋友呢～♡

《深層心理》

內心深處還是很女生
嚮往成為大剌剌的女性
個性笨拙
對自己沒有自信
討厭別人反對自己的意見，
只要被反對
就會想攻擊對方

跟自稱大剌剌女子相處
這種時候好麻煩

在兒子上才藝班的地方認識的媽媽友跟我說：「只要跟小學入學考試有關的事都可以問我。」所以我就找她商量，後來我們熟了之後，她就開始在其他方面也給我出意見。一下說「妳這樣不好」、一下說「對兒子的教育應該要這樣才對」，變得跟婆婆一樣，都快把我搞瘋了。後來因為老公決定讓兒子退掉才藝班，才終於跟她失去交集，鬆了一口氣。

在我被分派到新的部門時，有一個前輩很熱心地親自教我很多事情。她的個性感覺很男孩子氣，不拘小節，我很喜歡她大剌剌的個性。但是有一天，我稍微對她做的資料提出一點疑問，她突然像變了個人似地說：「為什麼妳會這樣想？」「這種資料就是要這樣做才對！」用超激動的情緒來為自己辯護，我當場被嚇傻。一下子變了個人讓我有點害怕。

我有個同學，常常說：「我很難被男生當成談戀愛的對象，常常被說個性像男生。」有一次我隨口回她：「是嗎？但我覺得妳其實還滿有女人味的啊，並沒有這麼像男生。」她就很激動地說：「才沒有勒！妳哪時候看我在討好男生啦？」整個大爆怒。我似乎是踩到她的地雷了。

自稱大剌剌女子的生態

「大剌剌女子」像男性一樣做事很乾脆，不會對事情鑽牛角尖，在女性之間很受歡迎，深受大家的信賴。

不過要特別注意的是憧憬「真正大剌剌女子」的「自稱大剌剌女子」。

自稱「大家都說我的個性很大剌剌」或是「女生都很喜歡我」這種想表現自己是大剌剌個性的女子，很有可能是想讓周遭的人這樣認為的「自稱大剌剌女子」。

自稱大剌剌女子的特徵是「對各種事情都想出言干涉，但是想法又很以自我為中心」以及「討厭自己的意見被否定，或是被人指出錯誤的地方」。

她們覺得只要表現出大剌剌的樣子，就不會有人因此批評，可以自由地發表意見。但是事實上，**她們的個性跟「大剌剌」完全相反，性格不但非常麻煩女子，而且通常缺乏自信或懷抱自卑感**，心理狀態相當複雜。

另外，也有不少人相信「直截了當地說出實話，也是一種親切」，所以她們那些不經修飾的話語經常會傷害到別人。

◉分辨「自稱大剌剌女子」跟「真正大剌剌女子」的方法

其實這類型的人常常都沒意識到自己是在假裝。特徵是明明很會嫉妒別人又很愛鑽牛角尖，卻深信自己並非如此。

看她們對自己被批評時的反應，就能分辨是真的還是假的大剌剌女子。

在被批評的時候很乾脆地認錯，並且感謝對方的指謫，這種就是真正的大剌剌女子。

另一方面，當自己的建議被他人指出矛盾之處或是發表意見時，會突然激動地否定：「我哪有啊！」的人，就很有可能是自稱大剌剌女子。如果惱羞成怒，或是突然像變了個人一樣，那就能確信她是自稱大剌剌女子了。

如何跟自稱大剌剌女子相處

這種類型的女生最喜歡「大剌剌的自己」了，所以只要收服她們的心並且好好相處的話，必要時候她們其實很可靠，會是很棒的朋友。

若是找這類型的人商量其擅長的話題，她們也會設身處地來幫忙想辦法。

因為她們深信自己是大剌剌女子，所以如果有人介紹她們時說：「這個人很大剌剌！」她們會非常高興。

人只要被稱讚，就會因為想要再度被稱讚，而努力去回應那份期待。所以只要持續讚美她很大剌剌，說不定有朝一日，她就會變成貨真價實的大剌剌女子。

◉利用「緩衝話術」委婉地表達意見

對自稱大剌剌女子發表意見時如果說得太直接，很可能會引起強烈的反彈，所以建議可以使用**「緩衝話術」**的方式。也就是先認同對方的想法，再表達自己的意見。就算你不認同她的說法，還是要說**「謝謝妳給我建議」**、**「的確就像妳說的」**等先表示贊同。之後再說「不過應該還有另一種情況」來表達自己的意見，就能讓對話更具建設性。並且最後再補說一句「跟妳商量以後感覺好多了」、「妳幫了我大忙」等等的話來滿足對方的尊重需求。

Type 6

興趣是看演藝圈八卦和社群網站

「八卦」女子

【危險度】

✹✹✹✹✹

【麻煩度】

✹✹✹

《特徵》

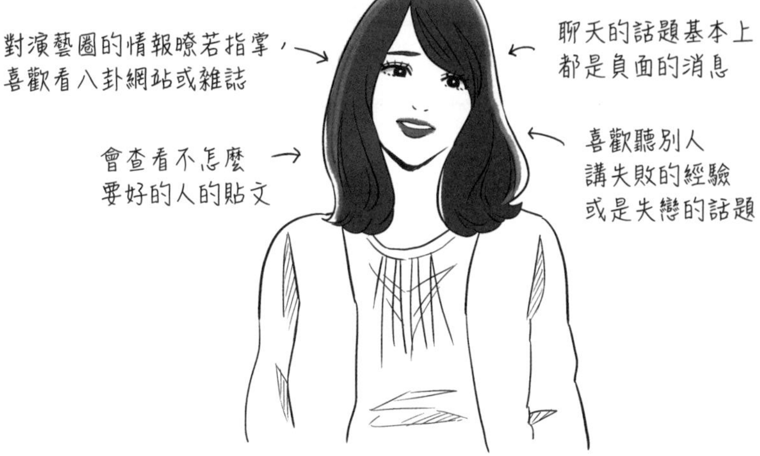
對演藝圈的情報瞭若指掌，
喜歡看八卦網站或雜誌
聊天的話題基本上
都是負面的消息
會查看不怎麼
要好的人的貼文
喜歡聽別人
講失敗的經驗
或是失戀的話題

《深層心理》

喜歡聽別人不幸的事
安慰自己還算幸福
沒自信、覺得自卑，
一點都不幸福
想要有一起講別人
壞話的朋友
來獲得安全感

跟八卦女子相處
這種時候好麻煩

我在百貨公司上班，中午跟前輩們一起去吃飯時，她們從大白天就開始講一些「那個專櫃的誰在跟誰交往」或是「店長兒子的入學考好像全部落榜了」之類的話題。想到有一天我可能也會成為她們八卦的對象，就覺得很憂鬱。

我認識一個很八卦的女生，都會告訴我公司內部一些很驚人的人事消息，或是一些人際關係的內幕。那些話題每次都很有趣，所以當她問我：「妳呢？有沒有知道什麼八卦？」的時候，我就不小心脫口說出有個同事在偷偷地準備換工作⋯⋯。這件事馬上就在全公司傳開，原本想要低調換工作的同事整個大爆怒。結果我就這樣失去了一個重要的朋友⋯⋯。

我住的公寓裡有一群媽媽友，一週會有一次在某人的家聚會喝茶聊天。有一次聊到當天缺席的 J，喜歡八卦的媽媽說「其實她好像在搞外遇」、「現在正在準備離婚」之類的。原本以為在睡覺的四歲小孩好像聽到了那些話，下次全員到齊的聚會時，他突然問「J 阿姨，妳要離婚了嗎？」大家全都臉色發青。

八卦女子的生態

「八卦女子」不只知道演藝圈的八卦，也常常探聽朋友們的八卦。她們會把聽來的八卦加油添醋再到處散播，轉眼之間，自己的八卦就被誇大扭曲地傳到大家耳裡了，可說是危險度極高。

女性從小就有和他人比較、看誰比較厲害的傾向，特徵是常常會想「貶低對方，讓自己顯得占上風」。這就是女性喜歡聽別人的傳聞或八卦的原因。

有句話說：別人的不幸甜如蜜，八卦節目跟週刊雜誌裡，外遇、離婚、生病的話題往往很受歡迎，大概都是因為很多人在看到他人的不幸時，就會想到**「原來我還算幸福的」，並藉此感到安心**。

◉為了維持自己的精神狀態而受八卦吸引

以上的特質特別明顯的就是八卦女子。她們的心理狀態是「聽別人負面的傳聞，覺得『自己比較優越』而感到安心」或是「散播八卦謠言來攻擊對方，沉浸在優越感之中」。

也有人是為了取得較高的地位，故意講身邊人的八卦。

所以說這種類型的人，本身的精神狀態並不穩定，大多都對自己的生活抱有很大的不滿。**正因為內心沒有餘裕，才會一聽到別人的負面傳聞受到吸引而飛撲過去**。

當別人聽自己講八卦做出像是：「什麼？好扯！」「那也太超過了吧！」之類的反應，她們就會覺得很過癮，所以對方的反應愈誇張，她們講的八卦也會愈過分。

如何跟八卦女子相處

面對這種類型，最需要小心的就是不要講出可能成為八卦的事情。

與別人相處時，有一種在心理學上被稱作是**「祕密效果」**的作用。只要坦承對方不知道的祕密，就會有拉近彼此心理距離的效果。

所以，不管是有意無意，只要分享一些小八卦，就能讓彼此更親近。特別是聊別人的八卦聊得很熱絡時，自己也會忍不住想提供一些有趣的八卦。

但是，要是讓這類八卦女子嚐到甜頭，她一定會在別的地方開始講妳的八卦。

◉心理學上傳言開始擴散的理由

心理學上有一種叫做**「禁果效應」**的心理狀態。這個性質指的是「人愈是被禁止就愈是想做」。

聽到「這是我們之間的祕密」或是「絕對不能說出去」，就愈會想要到處跟別人說。這個現象就是來自「禁果效應」。

所以不想被人知道的事情，就絕對不要從自己的嘴巴說出口。特別是對這種八卦女子更是不能說。

另外，如果不想一直聽八卦女子講八卦，最好的辦法就是不要附和。

比如說，**對方以負面的口氣說：「真是佩服○○男友一直換」的時候，就用正面的口氣回答：「對啊！○○是個大正妹，難怪很多人追！」**

八卦女子為了貶低別人的地位而講八卦，所以只要不去附和，甚至不停地講那個人的優點，她就會發現就算跟妳講也沒用，漸漸地就不會再找妳聊負面的八卦了。

Type 7

自以為善於傾聽的話題小偷

「自說自話」女子

【危險度】

✹✹

【麻煩度】

✹✹✹✹

《特徵》

話說回來～
聽人講話
老是心不在焉
大多都在炫耀自己
硬要插話
聊自己的事情

《深層心理》

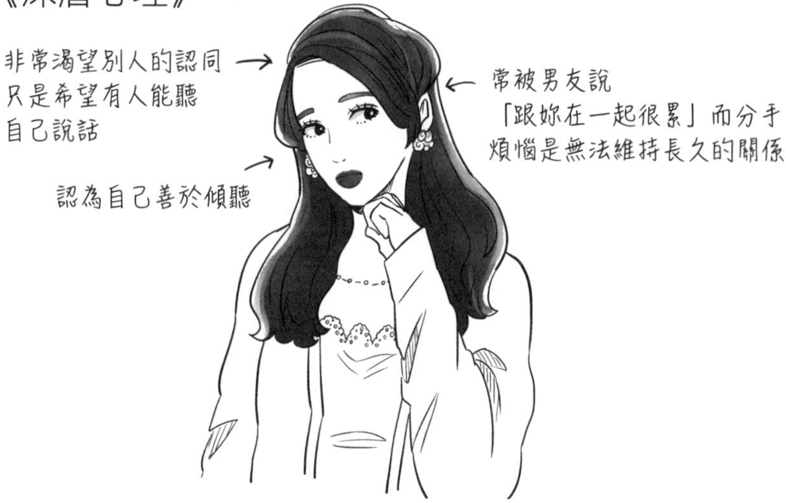
非常渴望別人的認同
只是希望有人能聽
自己說話
認為自己善於傾聽
常被男友說
「跟妳在一起很累」而分手，
煩惱是無法維持長久的關係

跟自說自話女子相處
這種時候好麻煩

跟同部門的同事聊天時，我每次都只有聽的份。剛開始我也會說自己的事情，但她很明顯沒興趣聽。有一次我試著說了上次已經說過的事，結果她卻說「是喔～」，像是第一次聽到。確信「她果然都沒在聽我說話」後，我就不再跟她聊天了。

透過讀書會認識的一群人，彼此年紀跟工作都不一樣，有一次我問大家要不要久違地舉辦十名成員的聚會，結果大家都說「B 要去的話我就不去」。B 的確有想掌控話題的壞習慣，有幾次甚至只剩下 B 在講話……。話雖如此，也不能邀請大家獨漏 B，身為總召實在很困擾。

有一次我帶了學生時代的朋友一起去聯誼。那女生的確很常自說自話，但我以為至少在男生面前應該會克制一點，結果她卻一如往常搶走全部的話題，開始狂講自己的豐功偉業。男生們覺得不耐煩，就跟她說：「妳都不聽別人講話，自己講個不停耶。」結果她就開始生氣……。男生們還跟我抱怨：「幹嘛帶那種女人來啦。」真是受夠了。

自說自話女子的生態

「自說自話女子」會在別人聊天的時候打斷話題，開始狂講自己的事。她們其實只是自我尊重需求比較強烈，希望有人可以聽她們說話而已，並沒有什麼惡意，不過麻煩的是她們會讓周遭的人心生不滿。

◉常常沒意識到自己搶了話題

其實她們常常都沒注意到全場只有自己在講話，**甚至還會以為自己很擅長傾聽，讓聊天氣氛熱絡**。

在本人不知道問題出在哪裡的情況下，常會使得朋友們敬而遠之，或是被男友說「我累了」提出分手，自說自話女子其實是很吃虧的類型。

如何跟自說自話女子相處

◉當話題被獨占時的解決辦法

大部分的自說自話女子都沒注意到自己搶走了話題，也不知道他人已經心生不快。

所以在小團體中，當話題被某一個人搶走時，可以試著說：**「我想繼續聽剛剛○○說的事！」**回到原本的話題，如此一來，就算在場有自說自話女子，大家也比較不容易感到煩躁。

如果是單獨跟自說自話女子聊天，認真聽她說的每件事會很累，所以只要大概聽一下就行了，不需要太過認真。

這種時候只需要重複對方講到的單字來附和，利用回溯法表示自己「有在聽」，就能減輕不少疲勞感。只要重複她講過的話，就能夠讓她暢所欲言並從中獲得滿足感。

◉讓她們發現自己搶走話題的方法

就算周圍的人們都在苦笑，她們大多還是會覺得：「今天因為我，氣氛很和樂呢！」想改變這種情況，最好能讓她們注意到自己是話題小偷。

她們本身並沒意識到自己話太多，所以可以試著用輕快的語氣跟她們說：**「我也有事想找妳商量，下次有時間的話再來聊聊吧！」**「我覺得妳真的很會講話耶♪」，她們可能就會發現「奇怪，我是不是話太多了？」而收斂一點。

Type 8

如灑水器般
到處噴灑憤怒

「攻擊性」女子

【危險度】
✹✹✹✹✹
【麻煩度】
✹✹✹✹✹

《特徵》

乍看自信滿滿
喝酒以後
會變得特別強勢
故意用對方
聽得到的音量抱怨
或是講壞話
不喜歡跟陌生人或
新來的人相處

《深層心理》

不希望別人發現
自己的自卑
希望有人能對自己
傾注愛情
最喜歡
「死黨」這個詞
為了保護自己和
重要的人，
會主動攻擊別人

跟攻擊性女子相處
這種時候好麻煩

我調職以後被某一位女主管欺負。她會用大家都聽得到的音量對我說：「啊？妳連這種事都不懂嗎？總公司到底為什麼要把這麼沒用的員工調來啊？」之類的話。其他人都要我「別把她的話放在心上」，但是大家愈安慰我，那位女主管的碎碎念就愈嚴重。

這件事情發生在B的喜宴續攤時。D喝醉以後，開始狂說擔任總召的B的同事壞話。我想她可能是不甘心沒能成為總召，但她用超大的音量說：「B根本就不喜歡這種廉價的店啊！」的時候，真是讓我捏了一把冷汗，有夠誇張。

我有一個高一時還滿要好的朋友，但是分班以後就比較疏遠了。儘管如此我們還是常常在放學後一起玩，不過她常常會一直講我在班上交到的新朋友的壞話。最近她居然還說：「那個女生最近給人的感覺很不舒服欸，妳最好還是離她遠一點。」害我都不知道該怎麼回答……。

攻擊性女子的生態

「○○的小孩憑那種成績也進得了那所大學喔？」

「長成那樣居然還當得上空姐，真是難以置信。」

像這樣故意用對方聽得到的音量抱怨或是批評的攻擊方式，就是「攻擊性女子」的特徵。

特別是喝醉時或深夜，在情緒不穩的情況下更會直接表明內心的想法。

◉攻擊和愛是一體兩面

攻擊性很強的人**容易被認為「個性很強勢」，但事實上這種類型的女子**

大多都很沒自信。懷抱自卑情結的她們，因為害怕被人發現，為了保護自己而先發制人。是一種透過貶低對方來讓自己占優勢的手段。

在幫這類型的女子諮商後，我發現她們大多在童年時期都沒能得到父母的關愛，或是家庭環境相當複雜。

正因為她們渴求愛情，所以一旦得到就會相當執著。對於靠近自己死黨和男友的女性會抱持特別強的警戒心，導致她們做出攻擊他人的言行舉止。

她們很容易對加入所屬團體的新成員產生敵意，並以欺壓後輩的方式表現出來。

反過來說，這也代表她們的用情很深，只要一喜歡上某人，就會傾注滿滿的愛情。

◉ 攻擊性女子本能視為「敵人」的對象

會情緒失控或是愛爭輸贏的人，很容易跟這類型女子起衝突。對攻擊性女子而言，她們會本能地認定跟自己競爭的女性是敵人。

自己的地位可能會受到威脅、自卑感可能會被發現、可能會很丟臉。要是她們感受到以上這些危險，就會翻臉不認人地開始展開攻擊，必須注意。

如何跟攻擊性女子相處

就像先前提到的，這類型的人非常渴望被愛，所以必須不時告訴她們「我不會背叛妳的」、「我永遠站在妳這邊」來讓她們的情緒保持穩定。當所處的環境改變造成關係變得疏離時，就更是要保持聯絡，以表示自己對她們的愛並沒有任何改變。

◉表現友好態度就能緩和攻擊

當被當成攻擊目標時，如果為了消除她們的怒火而保持距離，反而更會火上加油，所以在此建議應該要反過來主動接近她們。

剛開始可能會遭到她們的排斥，但只要表現出「我對妳很感興趣，希望可以跟妳做朋友」的態度，攻擊大多都能緩和下來。

此外，就算自己沒有做錯任何事情，也要說**「很抱歉說出容易被誤會的話」**、**「我知道妳是為我著想才會這麼說的」**來表達尊重。如果知道對方生氣的原因，就老實地道歉：「做出這種事還願意原諒我，妳人真好！謝謝妳！」像這樣用讚美的方式回應，也是非常有效的方法。

有時候可能會感到很火大，但只要**把她們的攻擊想成是一種愛情的表現**，就能感受到她們其實是非常「可愛」的，消解自己內心的壓力。

Type 9

愛雞婆給建議

「大姐型」女子

【危險度】

✹✹

【麻煩度】

★★

《特徵》

口頭禪是
「有煩惱的話
可以找我商量喔」
「妳就是這種類型」
愛幫人貼標籤
很會照顧人
現在或許沒問題，
但是之後就會開始出狀況喔

《深層心理》

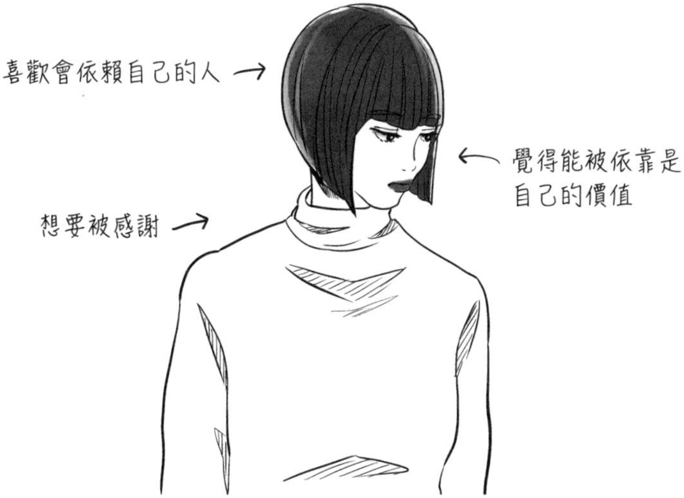
喜歡會依賴自己的人
覺得能被依靠是
自己的價值
想要被感謝

跟大姐型女子相處
這種時候好麻煩

我小姑很會照顧人，但是對孩子的教育指指點點讓我很受不了。她說孩子的教育要趁早、應該多讓他去運動，這些我都能理解，但是我們家就沒這種閒工夫啊！每次她跟我說「你要為兒子的將來著想啊～」的時候，都讓我覺得壓力很大。

我兒子同學的媽媽說：「我是喜歡才做的，不用在意。」然後自願成為家長會的幹部。我把她的話當真，有一天她卻突然暴怒說：「妳這個人都不懂得感謝嗎？」的確我也有錯，但還是嚇了一跳。

在我還是新進員工時，被分配到的部門裡有一位大我三歲的前輩。她做事很有效率，又受到大家的愛戴。她跟我說：「有不懂的事都可以問我。」剛開始我就聽她的話，有不懂的事都問她，但我想說也不能老是依賴前輩，就趁著某次被任命擔任企劃組長時，開始努力靠自己的能力解決工作。結果那位前輩卻突然開始對我很冷淡，讓我嚇了一跳。當我再次向她尋求協助，表示「果然少了前輩幫忙我辦不到」後，她就恢復成原來的態度了，真的是好險……。

大姐型女子的生態

◉會預言別人的未來

「大姐型女子」是以被他人依賴為生存價值的類型。常常會幫忙決定聚餐的地點或是積極照顧後輩，絕對不是壞人。只要跟她商量一些小事，適度地撒嬌、依賴她，她就會對妳愛護有加。

儘管如此還是會受不了大姐型女子，是因為她們會擅自替人貼標籤。**「現在或許沒問題，但是之後就會開始出狀況喔」**、**「〇〇就是因為這樣失敗的，妳也要小心一點」**，將曾經看過的狀況來預言，讓人覺得厭煩。

如何跟大姐型女子相處

大姐型女子最喜歡別人依賴她們，所以不管妳是她們的前輩還是同學，只要好好地依賴她們就行了。

特別是面對尊重需求很強的人，就算是已經知道的事情也要假裝不知道，透過讓她們出出風頭就能順利地溝通。

但是要注意的是，**如果不適度地報答，她們可能會突然鬧起彆扭**，所以不要忘了露出燦爛的笑臉、開開心心地向她們道謝。偶而在旅行後送點伴手禮，並且說「一直以來都受妳照顧了」也是不錯的方法。

適度地依賴並且好好道謝，她們都會很樂意地教妳、幫妳，能建立一種施與受的友好關係。

◉委婉矯正她們不要再亂貼標籤的訣竅

被大姐型女子貼了令妳無法接受的標籤時，只要利用緩衝話術就能順利解決。

比方說，可以先說一些肯定對方的話，像是**「我不知道還有這種方式，有妳告訴我真的幫了大忙」**來當成一個緩衝，之後再說「我是這樣想的」或是**「我也聽過人家這樣說」**來表達想法。用這種方法，就能委婉地糾正對方的自以為是。

Type 10

抗拒一切不知道的事
「否定」女子

【危險度】

❋❋

【麻煩度】

★★★★

《特徵》

對任何事都想插嘴
長得可愛
卻沒男生追
咦~但是~
否定他人的話，
講話常用「但是~」
來做開頭

《深層心理》

希望得到認可，
想被稱讚
想留在自己的舒適圈
有不懂的事
會感到丟臉
是非分明，
毫無灰色地帶

跟否定女子相處
這種時候好麻煩

我們的部長對部下提出建議時，會用十年前自己成功的經驗當依據。那些方法在這個時代已經不管用了，但沒有人敢開口告訴她「時代已經不同了」，導致部門裡的氣氛一直都很糟。我每天都想趕快調到別的部門。

我有個親戚，老是喜歡把從書或電視上看來的事情掛在嘴上，說什麼「這樣比較好」、「那樣比較好」。有時候會覺得很感激，但老實說有時也會覺得很煩。我媽也會覺得她「總是強加自己的想法在別人身上，很難相處」。

不管我做什麼，我媽都一定會挑我毛病。明明就一直催促我「趕快結婚」，帶男朋友給她看又要挑毛病。最近我開始打算不要再向她報告或是介紹男朋友了。

否定女子的生態

「否定女子」對任何事情都一定要分清善惡對錯。

稍微分析她們認知上的扭曲，也就是思考的習慣後，會發現她們有明顯「思考黑白分明」的傾向。

這類型的特徵是常常在說話的時候用「但是……」這個詞。如果只是為了轉換話題使用「但是」，那還不算是否定女子；不過會在「但是」後面加上很多否定他人的意見，那麼就千真萬確是否定女子。

◉ 只是想被讚美自己懂很多

否定女子**非常渴望得到認同、稱讚，為此，她們認為必須要把自己懂的知識全部都講出來才行**。她們覺得提出自己的意見是一件「好事」，所以其實並沒有惡意。而且大多都想在人群中占據優勢。

此外，這類型的人會因為自己有不懂的事而感到丟臉，所以非常討厭別人告訴她們新的知識。

就算對象是男性，她們也會忍不住較量自己的知識量，所以不是很受男性歡迎。

◉意識到自身的認知扭曲就能有效改善

有不少否定女子來我這邊做心理諮商，我會不時地告訴她們「每個人都很特別，不分好與壞」來增添其想法的多樣性，告訴她們黑與白之間是有灰色地帶的，促使她們培養更有彈性的思考方式。

只要意識到自己的認知有偏頗，就能慢慢地減少她們否定性的發言。

如何跟否定女子相處

否定女子要比一般人更渴望得到認同，只要說一些像「妳真的很厲害耶！」「妳懂好多喔！」的話來抬舉她們，就能消除她們內心的不安。

這種類型**只要感受到「這個人認同我」、「我比這個人還要厲害」就會覺得安心**，然後漸漸地就不會再對這樣的人說出否定性的發言。

在聊到否定女子不是很懂的話題時，容易傷到她們「想在知識量上得到認同」的自尊心，所以建議可以在說話的口氣上下一點工夫。先加上一句「我也是最近才聽說的」或是「我是最近才知道的啦」，就能讓她們安心地聽妳說話。我很推薦這個方法。

◉意識到自己的口頭禪就有機會改變

口頭禪是「但是」或「不是啦」的人，常常會在溝通上吃很多虧。所以對於常常使用「但是」或「不是啦」的朋友，可以試著若無其事地提醒她們。

很多人都沒注意到自己時常使用否定性的話語，因為大多都是無意識地在講，所以剛開始提醒她們時，對方可能會嚇一跳。

但是只要讓本人意識到自己的口頭禪，她們就會開始減少說出否定性的話語，思考上的偏頗也會隨之改善。這也是透過改變「認知」來改變「思考」跟「話語」的一種認知行為療法，能夠自然而然地減少否定性的思考方式。

Type
11

夥伴愈多，
個性就愈強勢

「群居」女子

【危險度】
❋❋❋
【麻煩度】
✱✱✱✱

《特徵》

喜歡被稱讚
「有行動力」
總是行程滿滿
每次聚餐都一定
要找大家拍照
我隨時都會飛奔過來的，
要記得常常約我喔～
每次見面
一定會說

《深層心理》

沒約她就會覺得
「是不是討厭我了」
而感到不安
想要加入主要團體
享受優越感
很怕被拋棄

跟群居女子相處
這種時候好麻煩

在去幼稚園接小孩的三個小時前，加我總共五個媽媽都會一起喝咖啡聊天。有一個媽媽很愛當領導者，外表亮麗又喜歡強加自己的想法到別人身上。孩子剛上幼稚園時還很高興她來找我搭話，但我本來就比較喜歡獨處，最近開始覺得跟她相處很累。而且我很不喜歡被周圍的媽媽覺得我跟她一樣浮誇，真的覺得很痛苦。

我有一個朋友，每次一起去逛特賣會時，都會想跟我買成對的衣服或飾品。我因此不得不買沒有很喜歡的東西，心情很差也覺得很麻煩。有一次說我有別的事拒絕了她，結果她卻告訴我：「我有買妳的份喔！」還是買了成對的衣服來，最誇張的是她居然還跟我要錢！

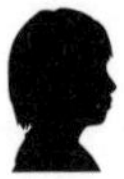

我跟 S 還有 T 是在社團內滿要好的小團體。前幾天原本打算跟男友一起去演唱會卻被放鴿子，所以臨時找 S 一起去，後來 T 看到我們的打卡就很生氣地說：「為什麼沒有找我去？」我只是覺得 T 應該對那位歌手沒有興趣才找 S 的，沒想到她會這麼生氣。

群居女子的生態

女性會想群居是有理由的。在歷史上，男性外出打獵時，是由女性同心協力守護家庭，所以在人際關係上，男性重視縱向關係，而女性則是重視橫向關係。因此，女性比起跟他人起爭執，更注重不被大家排擠。尤其日本人更有這樣的傾向。

◉「與某人作伴」是群居女子的存在價值

從學生時代的「陪我上廁所」到「一起吃午餐吧」、「陪我去看電影」、「一起去旅行吧」……等等，很多女性即使年齡增長，還是希望能有人作伴。

對她們來說，有人約吃飯或參加活動，能提高她們的存在價值並且因此感到開心。

她們覺得在Facebook或Instagram上得到的按讚數是受歡迎程度的指標，所以會不時檢查自己的頁面。

「群居女子」的想法就是「想要隨時都跟朋友一起」，這是因為她們「不想被認為自己沒有朋友」。換句話說，群居女子的心中隱藏著一股「不安」。

比如說，小學時大家會把桌子併在一起吃便當，或是校外教學分組的時候，應該有滿多人都體驗過「要是沒人找我一起的話怎麼辦」這種不安的心情。群居女子的心理，就是來自於長大以後也無法消除的那種不安，所以才會想要隨時都能「和某人待在一起」。這正是因為女性是在意「他人眼光」的生物才會有的不安。

所以，群居女子會因為行程排得滿滿的而感到安心。

相反的，要是看到自己所屬的團體成員，在沒有約自己的情況下就跑出去玩，她們就會非常不安。在事後得知只有自己沒被邀請時，表面上可能會裝作不在意，心裡其實受到強烈的打擊。在跟群居女子相處時，必須小心這一點才行。

◉ 跟人聚在一起時會產生優越感

對群居女子來說，自己所屬的團體等級愈高，就象徵自己的地位也很高。團體中正妹或是穿搭品味很好的人愈多、愈是受歡迎的團體，愈能讓她們沉浸在優越感的愉悅之中。

心理學上有一種叫做**「光暈效應」**的現象，指的是人們在評價他人的時候，很容易被特別引人注目的特徵所影響。舉例來說，「東京大學畢業的人都值得信賴」就是其中一例。光暈效應通常用來判斷獨立個體，但是對於團體而言也是同樣的道理。所屬的團體中若有很多像是美女或是時尚的人這種引人注目的特徵，就很容易被大家覺得所有成員都擁有相同的特質。

當在看一個團體時，人腦首先會先認識團體的整體印象。接下來大腦就會收集能夠證明第一印象的情報，開始進行**「確認偏誤」**，就是去除不利的資訊，證明自己最初的想法。對於團體中成員個人的印象，是在意識到整個團體印象以後才發生的，所以只要對團體有「引人注目」、「美女」等這些先入為主的印象，對於個人的印象也會跟著加分許多。

另一種和「光暈效應」類似的現象叫做**「啦啦隊效應」**。偶像團體會比個人歌手看起來還要更有魅力就是因為「啦啦隊效應」。**有實驗結果證實，男性在看團體中的女性時，會比在看個人時更能感受到魅力**。只要待在充滿開朗受歡迎的女性團體中，男性自然就會覺得妳很可愛。女性聚在一起時可以提升魅力，群居女子或許親身經歷過這樣的狀況。

◉忍住疲憊屈於「群居」的女子也很多

不過更麻煩的是，由於身處在受歡迎的群體中，會產生「比較的心理」更加刺激自己的自卑感。群居女子之中有不少人在「想成為受歡迎的成員」和「自己是不是比不上其他人」這兩個想法之間搖擺不定。

其中也有「抱持矛盾心理的群居女子」，老是待在一起會讓她們覺得很受不了。儘管如此還是不願意「落單」。比起被周圍的人認定是沒朋友的寂寞女子，還不如扮演被一堆朋友包圍的人。

如何跟群居女子相處

跟群居女子做朋友帶來最大的傷害，就是自己也有可能會被冠上不好的印象。

就如同先前說明的「光暈效應」，如果那位朋友給他人的印象不好，就會造成「負面光暈效應」，讓團體中的妳也被認為擁有一樣的負面特質。

就算自己覺得「我也不是自願要跟她做朋友的啊……」別人也不會知道。所以遇到合不來的群居女子，就算目前還沒有實質的損失，還是慢慢跟她保持距離比較好。

◉成為不用群居也能被理解的人

如果覺得要和她們保持距離有些困難，建議可以為自己建立一種「不隨波逐流」的形象。

不隨波逐流的人必須貫徹以下的特質：堅持不說別人的壞話、基本上只做正面的發言、不傷害別人、不隨便受他人意見影響。如果無法符合以上的言行準則，至少要堅持不隨她們起舞。能夠做到這些，即使待在同一個團體，**別人也會覺得「她和其他人不一樣」**，不會被不好的印象牽累。

另外，做出怪人的形象也是有效的方法。隨口說出像是「我討厭烤肉」的話，來建立自己的「怪人角色」。

「就算那個人不來也沒關係」，只要建立這樣的角色形象，就算不參加所有的活動也不會有人怪妳，瞬間就能變得很輕鬆。

但是就算成為「怪人」，也要注意保持言行舉止的一致性。或許有些人能因為「看心情做事」的形象，所以不加入活動也能被理解，不過這需要平時的行為就具有一貫性才可能達成。即使是扮演「怪人」，必須記住維持不隨波逐流的言行準則。

Type 12

無論何時
都想被大家寵愛

「公主病」女子

【危險度】
✹✹✹✹

【麻煩度】
✹✹✹✹✹

《特徵》

看到別人被讚美
就會心情不好
只出一張嘴
外表還挺可愛的
其實我比較想去
那家餐廳……

《深層心理》

超乎預期的完美主義
其實有
滿多自卑的地方
在備受寵愛的
環境下長大

跟公主病女子相處
這種時候好麻煩

這件事發生在我們四個女生一起去沖繩玩的時候。在決定要去哪吃晚餐的時候，我説「想去有當地氣氛的居酒屋喝酒」，大家也都表示贊成。但是有一個人好像想去裝潢時尚的餐廳，等到了居酒屋以後才開始抱怨。想去的話為什麼在討論的時候不提出來呢？結果搞得大家都很掃興。

學校的家長會活動打算要在當地的祭典設攤位，當時有一個只動口不動手的囉唆家長，讓人都想問她：「妳以為自己是我的主管嗎？」從搭建帳篷到商品的調味都超級囉唆。當天大家都穿 T 恤、牛仔褲、球鞋這種方便活動的裝扮，她卻自己穿高跟鞋還撐陽傘，真的超白目！

在某個企劃案的慶功宴上，有位年輕女生成了大家聊天的中心，就在大家都想聽她的戀愛話題時，有位前輩卻突然起身離席。本來以為她只是去一下廁所而已，結果居然直接回家了！男生們好像都沒有察覺到，但是女生們都捏了一把冷汗。

公主病女子的生態

「公主病女子」不論何時都想成為全場注意的焦點。這種類型依照她們「公主病的程度」還分成兩種類型，**一種是「正常版」公主病，而另一種則是「隱藏版」公主病**。

◉「正常版」公主病的特徵

正常版的公主病女子，是一看就知道想成為全場焦點的類型。她們最大的喜悅就是成為中心人物，所以要是現場有誰不注意她、不討好她就會擺一張臭臉。

特徵是從小就在被父母和朋友寵愛下長大，大多都是原本就長得很漂亮、引人注目的類型。

她們的不滿要是爆發就會變得很麻煩，**但是這樣的人一不高興就會馬上表現在臉上，所以其實意外地很好應付**。就算只做表面工夫也沒關係，只要對她們表示尊重，大多都能好好相處。

可怕的是在不知情的狀況下，被正常版公主病女子視為敵人。

要是比正常版公主病女子更受大家寵愛、更引人注目的話，很有可能會遭受到直接性的傷害。有這種疑慮的人，請參考如何跟公主病女子相處（P141）。

◉「隱藏版」公主病的特徵

在以朋友的身分相處時，最麻煩的類型反而是隱藏版公主病。**隱藏版公主病女子擁有更多更深層的自卑感，而且很怕被別人討厭。**為此她們乍看之下總是處事圓融、擅長讚美他人，但可怕的就是不知道她們心裡真正的想法。就算嘴上說：「看妳想要怎麼做，我都可以！」其實心裡想的是：「我希望妳能更重視我的意見。」所以常常不知道在哪裡會踩到她們的地雷。

◉如何分辨「正常版」和「隱藏版」公主病

「正常版」和「隱藏版」公主病究竟該如何分辨呢？

正常版公主病女子會率直地給予讚美，但是不會討好別人。她們帶有不論男女都喜歡、就算愛耍任性大家也不會討厭的魅力，通常在工作上表現出色、成為業界的名人，又因為她們天真爛漫的個性，擁有能讓周圍的氣氛變得開朗明亮的特質。最重要的是，她們總是依照自己的判斷基準來行動，所以言行擁有一貫性，不會產生矛盾。

另一方面，隱藏版公主因為沒有自信，所以言行容易產生矛盾，容易讓周圍對她們抱有不信任感。她們自己也知道必須透過社會經驗和挫折來改變自己，卻又遲遲無法從自卑感中解放，心境相當複雜。**特徵是就算平常都表現得很客氣，但是找她們商量煩惱，意外地會提供很多建議**，所以只要試著找她們商量事情或許就能簡單分辨。此外，她們還會對決定好的事情表示不滿，或是抱怨前不久才發生的事情。

如何跟公主病女子相處

跟公主病女子相處時，最重要的就是不要與她們對立。假如說妳擁有長得漂亮、很年輕、工作很能幹、很多男生追等等會讓對方嫉妒的要素，很有可能會被她們視為敵人，需要注意小心。

這個方法跟大部分女性相處時都頗具效果，特別是跟公主病女子相處時，更要盡可能「放低自己的身段」。

具體來說，可以跟她說說自己失敗的經驗、妳很尊敬她，並且不時對她表示「我沒有妳這麼優秀」，擺低姿態。

如果她們開始炫耀自己的豐功偉業，絕對不能回答「我也是～」然後開

始講類似的經驗。要說些像是「妳好厲害喔」、「我一定沒辦法」、「好羨慕妳喔」等等能夠抬舉對方的話，藉此表示自己不是她的競爭對手。如此一來，她們原本對妳的戒備也會瞬間軟化。

◉讓公主病女子開心的讚美方式

交替使用第40頁所介紹的「直接讚美」與「間接讚美」，並且表現出若無其事的態度，就能**減少像是在講客套話的感覺，也能讓對方開心**。這個讚美方法對任何類型的女性都能奏效，銘記在心的話勢必能夠派上用場。

要應對隱藏版公主病女子，利用**「溫莎效應」**也頗能發揮作用。指的是**透過第三者來傳話，以便提高內容的可信度**。只要向周圍的人說隱藏版公主病女子的好話，之後傳到本人耳裡就可以一口氣讓她卸下心防。剛開始雖然很難奠定關係基礎，但是一旦建立信賴關係，她絕對會成為可靠的好夥伴。

Type 13

想讓工作和私生活
都過得很充實

「自我感覺良好」女子

【危險度】
✹

【麻煩度】
✹✹

《特徵》

喜歡看勵志書籍
或參加研討會
幾乎都不在家
發現新的養生法或
健康食品會很有興趣
不做負面發言的
正面力量代言人

《深層心理》

一旦失去目標
就會變得毫無幹勁
本性認真，
會默默埋頭努力的
長女型女子
思考沒有彈性，
很容易堅持自己的
想法是正確的
看到別人用
不同的方式成功
就會對自己的方法
感到不安

跟自我感覺良好女子相處
這種時候好麻煩

我的工作是一名店員。剛調派來的新店長是一位常常把「工作價值」、「工作意義」掛在嘴上的人，對營業額的要求又很嚴格，讓我壓力很大。之前的店長都讓大家照自己喜歡的方式做事，老實說，用之前的方法還比較有成效。她本人好像也意識到這點，結果變得更加神經兮兮。拜託饒了我吧。

我在嬰兒的按摩教室認識了一位原本在外商公司表現活躍，現在因為剛生完小孩正在請產假的朋友。去她家玩以後，發現她的小孩明明才三個月大，早期教育跟英文教材等書籍卻已經堆得跟山一樣高了。她好像每天都幫小孩排好滿滿的行程。更誇張的是，進家門前她還叫我用像醫院用的消毒噴霧，讓我超級傻眼。

我們公司有位女主管每天都會加班，而且明顯很瞧不起準時下班回家的派遣員工。她常常對我說：「人生要是過得這麼隨便，到了像我這樣的年紀，肯定會後悔莫及。」但是老實說我很想反駁她：我才不想被妳這麼說，要是過跟妳一樣的人生才會讓我後悔。

自我感覺良好女子的生態

「自我感覺良好女子」大部分都是工作女強人，是為了努力提升自我，不管做什麼事情都很努力的人。

當她們覺得過得很充實，並不會給他人帶來困擾。**但是當她們感到焦躁或是不安的時候，便會有將心情不安的矛頭指向他人的傾向。**

◉愈是不安，就愈想讓生活過得充實

這類型的女子不只是在工作上，就連私底下也擁有像是旅行或是參觀美術館等各種不同的興趣，所以特徵就是放假的時候幾乎都不在家。

興趣多樣是一件非常好的事。但是**當她們的動力是來自於不安，會對得**

到充實感這件事過度執著。這類型女生的思考模式大多黑白分明，對於她們深信的方法，會覺得「居然不照我的方法來做，真是不敢相信」，她們看事情的角度相當極端，常常會將想法強加到他人身上。

◉會在心裡召開檢討會議

她們有時會對地位比自己低的人用目中無人的態度說教，但其實她們也會馬上想說「對方會不會覺得我很煩」，**立即在內心反省自己的行為**。她們原本就是態度認真、心思細膩敏感的人，特徵是在與人相處時，言行會意外地謹慎膽小。

另外，看到有人一派輕鬆似地在工作上獲得成功，就會懷疑自己的做法是不是有問題，在內心掀起不安的波濤。

如何跟自我感覺良好女子相處

當重要的朋友剛好是自我感覺良好女子，如果發現她是「不每天過得很忙就會感到不安」的類型，可以試著建議她稍微放鬆休息一下。

訣竅在於要慰勞她非常努力這件事，再對她說「不要太勉強自己喔」。如果自我感覺良好女子開始強加自己的想法在妳身上時，安撫她的疲勞也是有效的辦法。身心放鬆後視野自然會變得開闊，想法就不會那麼頑固，有助於抑制對人強加想法的行為。

◉利用「情緒感染效果」來影響對方

由你來引導自我感覺良好女子，告訴她悠閒過生活的好處也是一種不錯的方法。

比方說，可以建議她「妳每天都這麼努力，也該空下一天好好放鬆一下啊」，試著跟她一起在家裡悠閒地度過一天。吃飯也叫外賣就好，重點是要漫無目的般放鬆。

這個時候，如果妳表現得很盡興，就會發生心理學上所說的「情緒感染效果」，愉快的心情會傳達給對方。她就會漸漸開始覺得「偶爾這樣過一天好像也不錯……」。

自我感覺良好女子覺得漫無目的「很可惜」、「簡直在浪費時間」，所以告訴她像是「悠閒過一天可以幫自己好好充電！」或是「發呆的時候會突然想到新的點子呢！」等悠哉的「好處」也很有效。

◉指出缺點時如何避免刺激對方

另外，自我感覺良好女子容易在無意識的情況下用權力壓迫別人，所以意外地有許多人會因為交不到男朋友而苦惱。

這種情況，可以在她面前假裝自己也是自我感覺良好女子，跟她說：「之前我有個男生朋友說我警戒心太高，會害男生不敢向我搭話，所以很難有人來追～」，像這樣透過假裝說自己，來告訴她「自我感覺良好＝不受男生歡迎」。

不要否定對方的性格，只要站在一樣的角度提出想法，對方也會老實地把話聽進去。

Type 14

說完「謝謝妳幫我決定！」就想矇混過去

「交給妳」女子

【危險度】

✹

【麻煩度】

✹✹✹

《特徵》

最後補上
「每次都麻煩妳，謝謝」
來矇混
我最不會當組長了～
那是妳擅長的所以就
交給妳啦。
從學生時代就很會
逃避各種責任

《深層心理》

怕自己失敗
造成別人的麻煩
不知道已經造成
對方的負擔
真心認為自己
「什麼都不會」

跟交給你女子相處
這種時候好麻煩

我有一個朋友，她在討論要去哪玩或是旅行地點時明明都很積極發言，但一旦要預約或是買票就會開始閉嘴不發言。她會說：「我很不擅長做這種事，妳就幫我處理嘛～我會很感謝妳的！」但這種事沒有人是因為擅長才做的好嗎？

我有一個後輩，她總有辦法巧妙地避開當送別會或歡迎會的總召。前一陣子跟我同一個時期進公司的男生跟她說：「大家也都是在百忙之中抽空做的，所以妳也要幫忙啊！」他幫我們說出了想講卻講不出口的話，讓我忍不住在心裡為他鼓掌！

我兒子參加的足球隊很強，以常常到外縣市比賽出名。每年我們家長都要安排輪流開車接送小孩，以及分配要負責買的東西，但是今年有一位一年級男生的媽媽說：「我跟我老公假日都要上班所以沒辦法。」我很驚訝居然有人從頭到尾都不來開會，而且應該要用更委婉的說詞才對。這讓我不是很想對那個家長的小孩好。

交給妳女子的生態

「交給妳女子」會將麻煩的事情全都交給別人處理。

雖然其中也有人是為了怕麻煩而想盡各種手段逃避，或是用高高在上的態度認為「是讓妳為我做事」的人存在，不過基本上交給妳女子並沒有什麼惡意，大多都只是想逃避事情不讓自己吃虧，或是無法想像旁人辛苦、不懂世故的人。

其中也有像這樣的案例：一直以來都對朋友說「因為妳很擅長領導別人」推卸責任，但一被男友說「妳不能老是這樣什麼都不做」就開始反省自己的女子。

◉覺得自己來做會造成別人的麻煩

這種類型的人，常常會因為過去像是在安排旅遊行程時失敗過一次，就認定「我不適合當負責人」，為自己貼上負面標籤後開始逃避。**這類型的人都是真心認為自己沒辦法負責，而且很怕給別人添麻煩。**她們在感謝別人時都會用比平常還誇大的言語表達，雖然希望讓大家留下好印象，但又覺得與其失敗被討厭，不如只負責幫忙還比較好。

如何跟交給妳女子相處

雖然不會攻擊別人，但是在團體中會因為她們，而有人必須代替她們工作，因此時常會造成別人的壓力，成為成員之間不合的原因。

◉說一句能夠緩和團體氣氛的話

如果所屬的團體有使用 LINE 群組，可以在群組中對負責人說「○○，謝謝妳明明很忙還是接下這份辛苦的工作。」**在公開場合道謝**，交給妳女子也比較容易想像那份工作的負擔有多大。

另外，也可以試著提議讓大家輪流來做負擔沉重的工作。或是安排男性加入，由男性提出請求的話也能避免衝突發生，是個不錯的辦法。

在交給妳女子之中，有些人會因為「把事情交給我負責的話，要是搞砸了該怎麼辦」而感到不安，認為交給別人來做比較保險。

這種時候，可以跟她說「那我們一起來做吧」，表示自己也會一起幫忙，讓她得到實際領導他人的經驗後，也能消除她覺得自己做不到的想法，之後也許就會開始努力做事。

附錄

「天真」女子是測試麻煩女子指數的指標

天真女子就是所謂的「傻妹角色」，或是少根筋的類型。這種類型常常會突然說出一些蠢話，但是她們不會瞧不起別人或是講別人壞話，所以大家都很喜歡她們。

大家都說男生喜歡天真女子，這是因為在天真女子面前，他們可以說「妳連這個都不知道嗎？」然後教她們各種事情，藉此獲得優越感。而且她們不會跟自己爭辯，在一起有療癒的效果。

這種類型對待每個人都是一樣的態度，而且大多都「很不女生」，所以不太會被同性討厭。

儘管如此，**若有人會對天真女子感到火大，那是因為自己的麻煩女子指數很高**。因為火大的理由很可能是來自於嫉妒天真女子獨占了大家的寵愛。

◉當心「假天真」女子

這類是假裝自己是天真女子的人，她們跟真正的天真女子是完全相反的類型。**她們知道男生都喜歡天真女子，所以就假裝自己很天真，而這種類型的麻煩女子指數極高，說她們是超級麻煩女子也不為過**。

如果「假天真」女子裝得夠完美，其實很難分辨她是真是假。不過，真正的天真女子不會說別人壞話，就算被人瞧不起也不會在意，在男女面前都保持一樣的態度，心志也出乎預料地堅強。

相反的，假天真女子的特徵是一被瞧不起就會瞬間翻臉，受到批評時情緒會跌落到谷底。

第3章

Handling instructions

Chapter Three

「麻煩女子」Q&A

Q1 害怕麻煩女子將矛頭指向我

這裡為大家介紹當「麻煩女子」對自己發火，或是情緒失控時的解決辦法。知道以後就可以不會太受傷，不需要花太多時間就能和好。

A1 了解她生氣的「真正原因」

面對麻煩女子生氣的時候，最重要的就是搞清楚她生氣的原因。

心理學上說「憤怒」是「第二個情緒」。指的是人們感到憤怒時，一定都會有原因，也就是說還有「第一個情緒」存在。

就算表面上看起來只是在生氣，但在生氣之前一定有像是**「被瞧不起害我好難過」**的「難過」、**「就是不想輸給她」**的「嫉妒」或是**「那個人說不定很討厭我」**的「不安」等等的「第一個情緒」。

搞清楚導致生氣的「第一個情緒」就能比較知道該怎麼應對。知道了生氣的原因後，就可以思考具體的對策。

A2 就算只是表面工夫也要先表示歉意

當對方生氣時，做出像是在反省的表情或行動也是「同步法」的一種。

就算只是表面工夫也沒關係，總之就先用懺悔的表情，告訴對方「對不起」或是「妳很難過吧」。

就算她生氣的理由很莫名其妙，只要「總之先意思意思道個歉吧」，乾脆地表達歉意，通常都能迅速地解決問題。

如果對方是因為妳的某個行為而感到難過或是受傷的話，只要先道歉，通常就可以平息對方的怒火。

另外，**光是生一次氣還不夠，面對死纏爛打一直要生氣的人，可以在每次見面時都說「那時候真的很抱歉」**。這種類型的人內心都有強烈的不安。不停抱怨是出於「妳是真心的在反省嗎？」這種不安的表現。所以說，每次都表現出「我有好好在反省喔」的態度，就能成為對方心靈的安定劑，她們心裡的憤怒也會漸漸消失。

A3 假裝沒發現

另外，當對方正在氣頭上，就算跟她道歉大多也不會就此消氣。

在這種時候，直到她冷靜下來之前，先保持距離也是一個不錯的手段。

不過在保持距離之前還是先道歉會比較好。

正在氣頭上時就算正面應對，對她來說也沒有任何好處。

①可能會害她衝動講出非出自本意的氣話

②可能會讓她更生氣

很有可能會像這樣造成對方失控。另外，對方也有可能只是因為一時太累或是身體不舒服，導致無法像平常一樣冷靜思考而已。

天真女子通常不會被別人遷怒，是因為她們常常「根本沒注意到別人在生氣」。

不過因為一般人很難不注意到對方在生氣，所以就先「假裝沒發現」，靜待對方消氣吧。

A4 讓對方暢所欲言

如果覺得自己「很堅強」的話，讓對方盡情地對自己出氣也是不錯的選擇。此外，如果是站在無法道歉的立場，比如說道歉就必須賠償損失，或是會給公司添麻煩的情況下，便可以先傾聽對方想說的話。

反駁在生氣的人，會讓對方變得更加生氣。但如果反過來認真聽她說話，就會讓對方轉念認為「這個人是站在我這邊的」，開始對妳抱持好感。

這是透過發洩內心所有情緒來消除憤怒的「宣洩作用」。將想說的話全都說出來，大都能讓情緒安定下來。**讓對方說到覺得「我會不會說得太超過了」為止，對方還可能會向妳道歉「不好意思我好像說得太過份了」，並藉此關係變好也說不定**。

面對奧客也是同樣的道理。對方盡情抱怨後可能因此得到滿足，反而成為常客。

但是這個方法對自身心理會造成很大的負擔，如果心志不夠堅強，建議還是不要輕易嘗試。

A5 在內心做實況轉播

如果正面接收對方的怒火，有些人在精神上可能會受不了。這種時候，建議可以一邊觀察眼前正在生氣的人，一邊在心裡做實況轉播。

舉例來說，前輩針對妳在工作上犯的錯不停說教的時候，就在心中解說前輩說教的模樣。

「A前輩現在非常生氣。氣到毛孔都張開了。總而言之，看來她生氣的理由似乎是因為我忘記向她報備……」。可以像這樣詳細轉播前輩生氣的模樣。這麼一來，就不會接收太多憤怒的負面能量，能夠只截取出對方生氣的理由。

建議大家可以將此視為不受「憤怒」影響的方法謹記在心，說不定有一天能夠派上用場。

Q2 不小心捲入「麻煩女子」的紛爭。希望可以默默地全身而退

被迫聽別人的壞話，或是差點捲入派系鬥爭……。這些與麻煩女子有關的紛爭之一，就是「捲入與自己無關的批評或是攻擊之中」。接下來將會介紹發生這種情況時的解決辦法。

A1 扮演對他人沒什麼興趣的遲鈍角色

在朋友吵架的時候，插嘴介入很有可能會被掃到颱風尾，所以要盡可能不干涉、假裝自己很遲鈍。最好是平常就表現得很冷漠，冷漠到會被說像是

「妳對這種事應該沒興趣吧？」之類的話。

雖說是冷漠，但並不是要妳無視她們，所以不需要擔心會被抱怨或是在背後說妳的壞話。**只要盡量傾聽她們的說法，然後表現出「我很了解妳的心情」，保持中立的態度就行了。**如果對方跟妳講別人的壞話，可以試著把對方的負面發言轉換成正面，表現出「我沒興趣」的態度就沒問題了。

不過，正在吵架的兩個人，也有可能會跑來找妳商量或是徵求意見。在這種情況下也不要忘記保持中立的態度。當其中一人來徵求妳的看法時，如果跟她一起批評另一個人，就算她們這次能夠和好，下次可能就會一起把矛頭指向妳。

同樣的，當對方在講別人壞話時，避免附和才是聰明的選擇。對方的目的是希望妳支持她，所以就算只是附和，也會讓她以為「這個人是我的同伴」，很容易捲入她們的紛爭中。

首先要表示自己了解對方的心情，並說：**「不聽聽兩邊的說法沒辦法搞清楚狀況，抱歉沒能完全明白妳的心情。」「原來還有這種事，我之前都沒注意到。」「抱歉，因為我沒有親眼看到，所以沒辦法下任何評論。」宣示自己不對任何一方表示支持才是上策。**

A2 與孩子養育有關的衝突，用安撫的話語來消除不安

最近還滿常聽到媽媽友之間的衝突。

這類的問題解決方法與前述大致相同，不過因為扯上養育或是教育方針的問題，所以若是意見不合，通常都會變得比較麻煩。

這是因為很多媽媽會擔心小孩的問題都是自己造成的。

很多人對於養育孩子很沒自信，所以在這方面跟別人意見不合時，就會變得格外激動，甚至會為了堅持自己的想法而過於攻擊他人的意見。平常明明是個性溫和的人，一旦扯上小孩的問題，就會突然變得歇斯底里，而原因大多出自於內心的「不安」。

此外，如果只是自己和別人比較還好，換作是自己的小孩被比較，就會變得更加「不安」。

面對這種類型，最重要的就是先安撫讓她安心。表現出「沒事的，妳擔心的事情我都懂」、「我知道妳很努力」的態度，對方就會冷靜下來。只要理解與小孩相關的衝突通常是由「不安」所引起，就能用比較溫柔的態度來處理。

A3 避免介入家人之間的爭執

如果母親一直說奶奶的壞話或是一直抱怨妳父親，一定會聽得很痛苦。特別是因為有血緣關係，所以會覺得「我身上也留著同樣的血」，而心靈受到更大的傷害。

當家人之間發生爭執，而妳又剛好被當成情緒發洩的出口，這時候還是保持距離、不要介入比較好。

妳或許會想說「正因為是家人，所以才要幫忙解決問題啊」，但其實這樣只會造成反效果而已，這種時候選擇撤退才是上策。首先，可以跟對方表示「聽這些壞話讓我覺得很難受」。儘管如此，對方要是不打算改變態度，就盡量保持距離，不讓那些壞話進入自己耳裡才是上策。

A4 找到能放鬆的第三生活圈

被捲入麻煩女子之間的爭執時，如果自己的生活圈裡就只有那幾個人，會讓自己無處可逃、變得相當痛苦。

除了稱作第一生活圈的家庭，以及第二生活圈的職場（學生的話就是學校、主婦的話就是主婦朋友或是媽媽友）以外，**擁有能讓自己放鬆的第三生活圈，就能成為自己心靈的安全網**。

比方說跟興趣相同，但是年齡跟想法都不同的人們做朋友，建立另一個歸屬的話，就算在公司內捲入紛爭，或是跟媽媽友們處得不好時，想法也比較不會因此局限，能讓精神保持在安定的狀態。

特別建議生活圈比較固定的的全職主婦們，另外找一個能讓自己放鬆的第三生活圈。如此一來，因為麻煩女子而累積的壓力勢必也會減輕許多。

Q3 參加「女生聚會」總是感到疲憊

大多數人都聽過日文中的「女子會（只有女性的聚會）」，但事實上似乎很多人都不喜歡參加。在此將說明在女子會中應有的言行舉止以及該小心注意的事項。

A1 意識到自己內心的「麻煩女子」

覺得自己不擅長和女性相處，或是覺得和男性相處比較輕鬆的人，其實內心都意外地非常「女生」。正因為這樣，所以跟其他女生聚在一起時，自己內心的「麻煩女子」部分就會浮現，才會因此感到很不自在。結果**出於防衛本能產生自己討厭女生聚會的想法**。

反過來說，麻煩女子指數低的人，因為不會對其他人「女子」的部分有所反應，所以不會討厭只有女生的聚會。所以說愈是討厭女生聚會的人，其實內心的麻煩女子指數愈高。

這種類型的人，建議可以先試著面對自己內心的「麻煩女子」。並不需要做什麼困難的事，只要讀過這本書，感受到「原來麻煩女子是這樣的生物啊」就夠了。下一個章節將詳細介紹如何跟自己內心的麻煩女子相處。

A2 不要太在意別人臉色

另外常見的狀況，就是過於在意別人的臉色。尤其是只有兩、三個人的聚會還沒什麼問題，但是會抗拒參加多人聚會的人就屬於這類型。如果人數到了五、六人，會因為沒辦法隨時觀察到每個人的臉色，而開始感到厭煩或是渾身不自在。如此一來，其他人也會跟自己一樣，依據「互惠原理」，他們會用一樣的態度來回報妳、開始觀察妳的臉色。

過度看別人臉色的人，也會讓對方跟著小心翼翼。這會在彼此之間築起一道高牆，變成在互相探察的狀態下進行對話。整場聚會都在觀察彼此，在結束時當然會感到精疲力盡。

如果覺得在只有女生的聚會之中渾身不自在，那很可能是自己的想法造成的，所以可以試著重新調整自己的心態。

試著表現出愉快的樣子，對方也會自然而然地跟著感到開心。

會不喜歡多人聚會，也有可能因為本身是很有自我主張的人。人數少的場合，能讓大家都聽自己的意見。不過人數多時就會無法控制整個場面，造成意見消化不良。兩個人一起去唱KTV的話剛好，但如果人數一多，會不喜歡自己在唱歌時有人在聊別的事情。這種類型就是擁有強烈「想掌控全局」欲望的人。

待在人多的聚會反而會感到寂寞也是屬於這類。

這種情況，首先意識到自己心中的「麻煩女子」，才能消除心中對多人聚會產生的抗拒想法。

A3 下定決心「委婉」地拒絕一次

與其勉強自己參加不想去的聚會，有時候委婉拒絕會比較輕鬆。「今天要跟家人一起出去吃飯」、「有一部我期待很久的連續劇，一定要看首播」，以上的理由或許有些難以啟齒，但是只要試著說出口，就能讓對方覺得妳就是會以這些事情為優先的人，之後再用一樣的理由，對方也不會多想。重要的是拒絕的方式。只要能適度地委婉拒絕，就不會讓對方感到任何不快。

想拒絕時，最先應該要先表達「謝謝妳約我」的感謝。像這樣先表現出「我很高興妳約我」的心情後，再老實說出要出去吃飯或是要看連續劇的理由。沒有必要因為在意對方的心情而說謊。最後再補上「好可惜喔」、「真抱歉我剛好有事」等，由自己先道歉就會更有效果。**這個方法可以不讓對方因為覺得「妳這麼忙還約妳」而內疚，或是因為拒絕受到打擊，能讓自己在對方心裡留下良好的印象**。

A4 成為不怕被比較的人

想克服討厭參加女生聚會這件事，就不得不和緩對於被比較的恐懼。「麻煩女子」的其中一個性質，就是害怕被比較、排名。害怕被比較，是因為自己也在心中比較自己跟別人。

這種類型的人，若能嘗試認同自己，就不會再和他人比較了。

建議可以從興趣或是學才藝等等能夠感受到自身成長的事情開始。感受到自己的成長之後，就會漸漸開始肯定自己、不再跟人比較。

就算只有一個人也好，找到一位無話不談、能夠傾訴內心煩惱的女性朋友也很重要。擁有完全支持自己的同伴會讓自己感到安心，就比較不會再抗拒跟其他的女生相處。

Q4 覺得連在社群網站都要顧慮別人的心情很麻煩

在社群網站上應該表現出什麼樣的態度，可說是現今所有女生的煩惱。因為社群網站導致嫌隙產生的情況很常見，實在不能坐視不管。以下統整了自己發文時需要特別小心的事情，以及在「麻煩女子」的貼文下留言時應該要注意的地方。

A1 社群網站依存症的無底深淵

剛開始使用社群網站時，看到別人回應自己的貼文（按讚或是留言），很多人的尊重需求都會因此得到滿足。然而後來因為變得更加渴望得到注目，而感到痛苦的人也不少。

擔心自己是否有社群網站依存症而前來諮商的人逐年增加，其中有人會因為「讚」的數量太少而陷入憂鬱狀態。

有人只是單純因為「讚」的數量太少，無法滿足尊重需求而感到沮喪，但更多的是「對因為『讚』的數量少而感到沮喪的自己感到沮喪」。換句話說，就是對強烈渴望得到認同的自己產生反感。

如果懷疑自己得了社群網站依存症，可以試著遠離社群網站看看。雖然這個方法很常見，但是效果極佳。就算只維持一個禮拜也無妨，試著都不要打開社群媒體，會發現心情安定許多。決定好使用時間或是每次用完都登出也是不錯的方法。

A2 滑過去就好，不用太仔細看內容

另外，有些人會在按讚這件事上感到一種無形的壓力，還可能會演變成一種強迫症，覺得看到貼文就不得不留言。

這種類型的人通常都是老實的好人、完美主義或是想法黑白分明。

前來諮商的人之中，**有人會滑社群網站滑到凌晨四點，因為花了很多時間在按讚跟留言**。

面對這些來談者，我都會建議不用看完每篇貼文。甚至跟她們說在用社群網站時「不可以全部都仔細看」。儘管如此，還是覺得「不全部看過一遍會受不了」的人就必須有所警覺，試著提起勇氣遠離社群網站吧。

A3 絕對不要發表負面或是憤怒貼文

在社群網站上貼文時，一定要記住避免「負面言論」以及「憤怒情緒」。這種貼文很容易讓看到的人感到不愉快，所以比起貼在曝光率很高的社群網站上，在別處抒發絕對會更好。不僅如此，「負面言論」跟「憤怒情緒」很容易顯得自己很不會控制情緒或是強烈渴望共鳴，會讓大家覺得妳很固執、是個很麻煩的人。

另外，如果貼了很多想表現自己過得很好的貼文，請意識到這是內心不安穩的指標。

到高級餐廳用餐或是買了昂貴的包包，會想貼出這種原本沒必要的炫耀文，就代表內心深處其實「希望被認同」、「希望被承認」。

發生這種情況時，就如Q3的回答一樣，可以找一些能充實自己的興趣或是學習新的才藝，藉此逐步提高自我肯定感。

A4 不要破壞自己的人格

社群網站會超越現實交友圈的框架，除了原先認識的朋友以外，也會被各種不同的人看到。有些人為了獲得各種不同人的好感，**一直貼出一些「別人應該會喜歡的貼文」，導致自己的人格開始變得搖擺不定**。

然而，想讓所有人喜歡是不可能的事。如果想使用社群網站，應該要記住「沒有必要討好所有人」。

A5 明白有些事情透過文字無法傳達

近年來，日本人的溝通能力正在不斷下降。大家都知道現代人都不太愛看書了。**不讀小說或故事的壞處，就是會愈來愈無法想像其他的人生經驗。**

這種情況下，若使用「文字上的溝通」，很容易造成誤會或是傷害他人，蘊含著許多的危險。

跟面對面講話比起來，若是把一樣的內容寫成文字，很容易會讓人感覺很冷淡或是很自私。

要記住，光是用社群網站溝通，有很多事情是無法傳達給對方的。

Q5 否定了「麻煩女子」的意見後，關係就變得很尷尬

妳是否也曾因為提出反對意見，或是說出不符「麻煩女子」意圖的事情，讓對方不高興呢？就算是一樣的意思，不同的說法就能讓對方有不同的看法。特別是在提出反對或否定意見時，建議可以運用巧妙並且能表示尊重的說法來傳達。

A1 反對意見會因為態度而改變

媽媽友們有時候會討論像是謝師宴要準備什麼表演節目、聖誕節舉行家

庭派對時要帶些什麼料理等等的事情。當有人說出跟大家不同的意見，或是意見跟帶頭的人不同時，氣氛就會變得很尷尬。也有可能因此踩到地雷導致對方生氣。

人類是一種不擅長面對變化的生物，所以對於新的或是反對意見常常會有過度敏感的反應。所以，在說反對意見之前，先認同想要反對的對象、抬高其地位後再說，就比較不會鬧得不愉快。

比如說，可以先說「我很崇拜妳，但是……」把對方的地位抬高以後，再說像是「要做得像妳一樣對我來說太困難了」、「一般人沒有辦法模仿」的意見。**不想跟對方做一樣的事時，像這樣表現出「我是做不到並非不想做」的態度，就可以和平地表達自己的意見。**

A2 降低身段收回發言

假設在跟前輩說「之前看了那部電影，我覺得很難看」後，前輩卻回答「但我覺得很好看耶」，導致氣氛變得很尷尬，這時應該要一邊降低自己的身段，同時收回自己的發言。

具體來說，可以試著表達出**「我的理解能力很差，不懂那部電影好看在哪」**，然後問對方覺得哪裡好看。之後再表示「前輩情感豐富，所以覺得那部電影好看，但對我來說實在太困難了」，對方的心情應該也會好轉。說完以後再看一次電影，然後說「因為前輩說好看，所以我又去看了一遍」，就更能得到對方的信賴。

不只是有關電影的話題，其他的事情也一樣，說出反對意見以後，「我下次也試試看」、「這次覺得好多了」等表現出良好的態度或行動，就可以抹去對方的不快，並且挽回對方的信任。

最不能做的，就是在說出反對意見以後，表現出很尷尬的樣子。因為人與人之間有所謂的情緒感染效果，所以要是自己表現出「糟糕，說錯話了」的表情或態度，對方也會跟著覺得很尷尬。

Q6 莫名遭到嫉妒，感到很難受

明明沒有做出刺激或是傷害到「麻煩女子」的事情，卻不知為何被挑毛病或是受到敵視，這種情況是因為有人嫉妒妳。接下來將介紹如何跟愛嫉妒的麻煩女子相處。

A1 關心嫉妒自己的麻煩女子

被嫉妒的人，通常都沒有跟嫉妒的人好好溝通，不夠關心對方。

比方說，**有沒有過對方傳來很長的訊息，自己卻只簡單回覆的情況？**

對方會覺得「我這麼用心地跟妳相處，妳卻這樣瞧不起我」，而這種情況常常會演變出嫉妒的心情。

面對這樣的人，可以用第39頁介紹過的「稀有原理」，讓對方覺得「對妳來說我很特別」。

說一些像是「我也想向妳討教一些事。雖然妳應該很忙，下次大概什麼時候可以約見面呢？」「很少人會像妳這麼努力，我也會加油的」**抬舉對方，就不會煽動對方的嫉妒心**。

如果無視對方的回應或是隨便敷衍，不僅會讓對方發火並引起嫉妒心，還可能會開始扯妳後腿。避免無視對方，並且對她說「妳好厲害喔！」這些乍看像是讓對方占優勢，不過其實相反，能讓自己心情更加從容。

第4章

Handling instructions

Chapter Four

自己內心的「麻煩女子」說明書

◆忍不住對他人的言行感到不耐煩

會對他人的言行感到不耐煩，是因為自己心中的麻煩女子因對方的女子要素產生反應。

心中的麻煩女子指數愈高的人，「麻煩女子」探測器就會愈敏感，所以才會對別人的女子要素感到不耐煩。

◉擁有控制不耐煩的技巧

這種時候可以試試叫做「憤怒管理」的方法。

據說**憤怒的巔峰通常會持續6到10秒**。所以要是感到火大時，去一下洗手間，或是假裝離席接電話，試著稍微拖延時間看看。只要做個深呼吸，就能讓自己稍微冷靜一點。

如果身處在無法當下離開的場合，準備一個可以在心中默念的咒語也不錯。我從小就習慣當有討厭的事情發生時，在心中默念《瑪麗·包萍》書中出現的咒語。那時雖然還小，但確實感覺得到自己的心情會跟著沉澱下來。

雖然起初只是碰巧，但是現在來看，其實是可以當作憤怒管理的好方法。

讓自己冷靜下來之後，可以用緩衝話術來跟對方好好溝通。不要直接說出想法，先說「我非常明白妳的意思」來當緩衝，之後再說出自己的主張。如此一來就可以同時抑制對方的攻擊性以及自己的反擊心，避免再次受到對方攻擊。

◆忍不住因他人的炫耀而嫉妒

會對別人的炫耀感到嫉妒，是因為沒辦法比對方占優勢而感到不甘心。因為女性是會和他人比較的生物，所以面對比自己優秀的存在，會自動開啟防衛本能。

所謂的嫉妒，對象不會是對遠在天邊的人。比方說妳不會去嫉妒一個紅遍全國的女演員吧？

嫉妒，是對好像比自己優秀一點，或是原本瞧不起、卻突然覺得好像輸給對方的時候才會產生的情感。會對新人或是年輕女生感到嫉妒，是因為覺得在某些地方自己雖然比較優秀，但在年齡上對方比較年輕所以有價值，整體來說我可能贏不了她，所以才會開始有危機意識。

◉知道對方的內心沒有餘裕就能放鬆

其實別人在向妳炫耀的時候，就代表著她並非處在從容的狀態。因為她心想利用炫耀來爬到妳的頭上，讓妳受到打擊。

所以面對愛炫耀的人，只要心想「這個人是不是過得很不開心啊」來跟她相處心裡就會輕鬆很多。眼睛發亮地聽對方炫耀，並且說「妳好厲害喔！」「真不愧是○○！」不但可以讓對方得到滿足，自己也能不感到嫉妒。

如果想要成為更不容易感到嫉妒的體質，收集一些小幸福很重要。要是有人炫耀跟男朋友去了趟國外的豪華之旅，把焦點放在「我在國內就可以玩得很開心了」或是「待在家裡也很幸福」，就可以成功收斂自己的嫉妒心。

◆容易因為和人比較而沮喪

很多女性會因為在社群網站上別人的貼文而陷入沮喪。看到別人看起來比自己厲害或是比自己幸福，就算沒人在旁邊說什麼，很多女性也會自己陷入負面的循環中。

社群網站是自我尊重需求的巢穴，所以每個人多多少少都會希望貼文能讓自己看起來過得很好。所以沒有必要拿貼文的內容比較，影響自己心情。

◉沮喪的理由有兩個

就算明白這個道理，還是忍不住陷入沮喪，**是自己的內心沒有得到滿足**

的證明。利用興趣或是學才藝，增加能感受到自己成長的事，就能製造出可以讚美自己的情況。

可以把自己的優點寫下來，然後多多注意自己的優點。也可以努力之後買喜歡吃的東西當獎勵。

如果沮喪的原因是自卑感，可以試著好好面對感到自卑的地方。

找到可以修改或是努力的地方，就可以趁著這個機會徹底改善，自然而然提高自我肯定感，漸漸地不再與他人做比較。面對自己並不是一件簡單的事，需要消耗很多的能量。這種時候找專家求解也是不錯的選擇。

◆心裡的想法總是寫在臉上

覺得不是很喜歡某人時，會馬上反應在表情或是言行舉止。為此而煩惱的人比想像中來得更多。

在認識新的人時，常常會只挑自己喜歡的情報來吸收，我們稱這個現象為「確認偏誤」，意思是人們會做出偏頗的認知。舉例來說，**要是覺得某人滿討厭的，就會不斷收集可以證實這種想法的情報**。

這種情況下，愈是勉強自己消除心中討厭的想法，就愈容易意識到討厭的情感，然後變得更加討厭那個人。

◉試著用別的角度看對方

為了避免以上的情況發生，必須試著把「討厭」這份情感放在一邊。具體來說，可以先試著想出對方的10個優點。不管是什麼樣的人，一定都多多少少會有一些優點才對。

像是眼睛很漂亮、很好聊、感覺很單純、皮膚很好、給人清爽的感覺、腿很長、很貼心或是交友廣泛之類的。

看不到別人優點的人，其實是因為缺乏可以讚美他人的字彙量。所以，可以試著在日常生活中，培養尋找讚美別人話語的習慣。只要這麼做，就可以產生正面的確認偏誤，變得比較不容易看到他人的缺點。

不僅如此，**能夠順暢地讚美他人的優點，也能漸漸注意到自己的優點。擁有愈多可以讚美自己的話語，就愈不容易在心情上產生動搖。**

◆一發生討厭的事，就會沒心情工作或做家事

麻煩女子的情感豐富，就算是以前發生過的壞事也能記得很清楚。只要有一件感到不安的事情，其他的不安也會接連湧出，這也是她們很容易陷入的狀況。

◉為自己準備「刺激」

為了讓這類女子冷靜下來，可以試著為自己準備一些刺激（anchor）。像是聽可以讓自己放鬆的音樂，或是吃些能感到幸福的食物。

「給予適當的刺激，就能重現以前的心情或是身體的狀態」，這個現象

心理學上稱作「錨定效應」。譬如說，聽到青春期聽過的音樂就想起以前的回憶、受到某種刺激就喚起心中的某種感情、想到酸梅乾就開始流口水，這些狀況都是所謂的錨定效應。

利用這個錨定效應，在感到火大時，透過給予自己某種刺激，來讓心情變得更加安穩吧。這些刺激可以是音樂、香味、食物、飲料、伸展操、瑜伽或是按摩穴道，不管是什麼都無妨。

因為失戀一直無法重新振作，或是寵物去世無法專心工作時，反而應該要好好接受那份失去某種事物的悲傷，盡情地大哭也未嘗不是一種方式。要是不好好面對這些失去的經驗，會一直遲遲難以釋懷。一整天都關在KTV裡唱失戀歌曲或是看悲劇電影狂哭，都有助於盡快調整心情。

不要壓抑自己的情感，適度發洩才是女子處理不安時最好的方法。

◆害怕惹人不高興而不敢拒絕邀請

這是人太好、認真老實或是容易在意他人臉色的人常常會有的煩惱。首先，前提是要先知道，沒有人可以討好每個人。在這世界上一定有跟自己不合的人，要讓全世界的人都喜歡自己是不可能的事。要是想讓大家都喜歡，會導致自己的心情混亂，所以有必要做某種程度上的取捨。放棄「想被大家喜歡」的想法，心情上才會得到安定。

◉表現出「可惜」跟「不喜歡」會比較好拒絕

在拒絕別人的邀請時，盡全力假裝覺得很可惜是最容易拒絕的方式。

告訴對方「好可惜我沒辦法去」、**「不得已只能拒絕我感到很難過」**，**對方也就不會給你難看的臉色**。

另外，從一開始就時常表現出「不喜歡」某事的話，偶爾參加還可以給人「明明不喜歡，還是勉強自己來參加了」的印象。向對方表示自己「不想去」或是「不喜歡」，或許一開始會遭人反感，但是只要克服第一次表達的經驗，之後大家就會知道「她不喜歡唱KTV」、「她禮拜天通常都不想出門」，成功塑造出形象後，之後要拒絕別人的邀請就會變得更加容易。

如果還是有人因為這樣感到不開心，也不需要過度反應，只要想說「原來用這種方式拒絕會讓她不高興」，反過來觀察她就行了。

運用在心中做實況轉播的方法來應對，就算別人不給自己好臉色，也不會感到太過難受。

◆老是在意別人的看法

日本人的自我肯定感，以全世界來說算是很低的。自我肯定感，指的是能夠「肯定自己的價值或是存在意義」的能力。

日本人有著謙虛的美德以及跟他人協調的文化，所以比較沒有機會培養推崇每個人應擁有獨特個性的觀念。這些都是造成自我肯定感偏低的原因。

特別是女性的自我肯定感要比男生低很多，而且女性也比較沒機會得到世人的肯定，很多人不管到了幾歲都還是很沒自信。

◉會在意別人的看法，是因為自我肯定感低

沒自信的人，**因為無法肯定自己，所以想被他人肯定的心情會變得更加強烈**。

在意按讚的次數或是他人的眼光，這些尊重需求是許多「麻煩女子」的煩惱。但是只要提高自我肯定感，這些煩惱勢必會漸漸消失。

人的想法很容易受到成長的環境或是家庭背景所影響，所以想從根本改變自己，除非尋求專家的協助，否則是很困難的。**不過要是能照著前述所說的方法來做，一個一個消除心中的不安，就能漸漸培養自我肯定感。**

如果還是覺得很困難，可以在感受到自己有所成長的時候寫在日記裡。也可以多安排一些時間投入興趣或是學才藝。若是能夠感受到自己有所成長，自信就會隨之增加，心靈也能得到更多餘裕。

山名裕子

臨床心理師。在東京的青山設立「YAMANA mental care office」並擔任院長。

1986 年出生於靜岡縣。父親是一名精神科醫師，從小就在心理學的環境下長大。

大學時期曾經當過雜誌的讀者模特兒。親眼見到身邊的模特兒們因為與他人比較而陷入沮喪，卻又不知道該怎麼安慰她們而感到坐立難安，便以此為契機進入研究所就讀。拿到臨床心理師的資格後，專門進行人際關係、壓力處理、商務等多方面的心理諮商。在這之中最為擅長的是女性心理學以及溝通心理學，這兩者也同時是她想成為臨床心理師的動機。

為了消除大家對心理諮商的偏見，希望大家能抱持輕鬆的態度來進行心理諮商，她經常上電視或雜誌等媒體或是到全國各地去演講，活動範圍相當廣泛。

中文版著作有《如果再傻一點，問題就能解決了：培養傻瓜力，人生更輕鬆！》（春天出版社）；日文著作有《一瞬で「できる男」と思わせる心理術》（宝島社）、《幸せを引き寄せる「口ぐせ」の魔法》（ダイヤモンド社）。

「YAMANA mental care office」官方網站
http://yamana-mentalcareoffice.com/

歡迎來到麻煩女子劇場：
看懂女子內心戲、破解相處障礙的心理觀測技巧

2018 年 6 月 1 日初版第一刷發行

作　　者　山名裕子
譯　　者　胡文菱
編　　輯　曾羽辰
特約美編　黃馨儀
發 行 人　齋木祥行
發 行 所　台灣東販股份有限公司
　　　　　＜地址＞台北市南京東路4段130號 2F-1
　　　　　＜電話＞(02)2577-8878
　　　　　＜傳真＞(02)2577-8896
　　　　　＜網址＞http://www.tohan.com.tw
郵撥帳號　1405049-4
法律顧問　蕭雄淋律師
總 經 銷　聯合發行股份有限公司
　　　　　＜電話＞(02)2917-8022
香港總代理　萬里機構出版有限公司
　　　　　＜電話＞2564-7511
　　　　　＜傳真＞2565-5539

國家圖書館出版品預行編目資料

歡迎來到麻煩女子劇場：看懂女子內心戲、破解相處障礙的心理觀測技巧 / 山名裕子著；胡文菱譯.
-- 初版. -- 臺北市：臺灣東販, 2018.06
208 面；14.7×21 公分
ISBN 978-986-475-683-4（平裝）

1. 人際關係 2. 女性心理學

177.3　　107006752

YOMUTO KOKOROGA RAKUNINARU MENDOKUSAI JOSHINO SETSUMEISHO

Originally published in Japan in 2017 by Sunmark Publishing,Inc.
Complex Chinese translation rights arranged through TOHAN CORPORATION, TOKYO.